L'ANTIQUAIRE;

PAR

SIR WALTER SCOTT.

TRADUCTION NOUVELLE.

TOME PREMIER.

PARIS.

1827.

L'ANTIQUAIRE.

TOME I.

L'ANTIQUAIRE;

PAR

SIR WALTER SCOTT.

TRADUCTION NOUVELLE.

TOME PREMIER.

AVIGNON,

PIERRE CHAILLOT JEUNE,

IMP.-LIB. PLACE DU PALAIS.

1827.

AVERTISSEMENT.

L'ouvrage suivant complète une série de romans, dont le but est de faire connaître les mœurs de l'Ecosse à trois époques différentes. Waverley embrassait le temps de nos pères, Guy Mannering celui de notre jeunesse, et l'Antiquaire a rapport aux dix dernières années du dix-huitième siècle. Dans les deux derniers, j'ai cherché préférablement mes personnages dans cette classe

de la société qui est la dernière à res-
sentir l'influence de la civilisation générale qui fait que les mœurs des différentes nations finissent par se ressembler. Dans cette même classe, j'ai placé
quelques scènes où j'ai tâché de dépein-
dre des passions plus violentes, parce
que les hommes du peuple sont moins
retenus par l'habitude de cacher leurs
sentiments, et que je conviens avec
M. Wordsworth qu'ils les expriment
toujours dans le langage le plus éner-
gique. Tels sont les paysans de mon
pays, classe avec laquelle j'ai vécu long-
temps avec familiarité. La force et la
simplicité antiques de leurs expressions
auxquelles se mêle une teinte de l'éloquence orientale de l'écriture, rend

leur douleur pathétique et donne de la dignité à leur ressentiment.

J'ai mis plus de soin à décrire les mœurs avec exactitude, qu'à combiner avec art une narration fictive, et je dois avouer mon impuissance de réunir ces deux qualités nécessaires d'un bon roman.

La fourberie de l'adepte dont il est parlé dans le présent ouvrage peut paraître forcée et improbable ; mais nous avons eu de notre temps des preuves plus frappantes encore d'une crédulité superstitieuse, et le lecteur peut être assuré que cette partie de la narration est fondée sur un fait tout récent.

Il ne me reste qu'à témoigner au public ma reconnaissance de l'accueil flatteur qu'il a fait à des ouvrages qui n'ont guère d'autres titres que quelque vérité de coloris, et à prendre respectueusement congé de lui.

L'ANTIQUAIRE.

CHAPITRE PREMIER.

Vers la fin du dix-huitième siècle , un jeune homme d'une tournure agréable , se rendant dans le nord-est de l'Ecosse , arriva dans la matinée d'un beau jour d'été pour retenir une place dans une de ces voitures publiques qui vont d'Edimbourg à Queensferry , où l'on trouve un paquebot pour traverser le Frith. La voiture contenait six personnes , indépendamment des recrues que le cocher faisait en route , et qu'il y introduisait aux dépens de la commodité des voyageurs. Les billets qui assuraient une place dans ce carrosse , étaient distribués par une vieille femme à l'air malin , dont le long nez était orné d'une paire de lunettes. Elle habitait dans High-Street , une espèce de caveau ou boutique souterraine , où elle vendait de la mercerie , des toiles , des aiguilles et autres marchandises à l'usage du sexe féminin ; mais il fallait du courage et de l'adresse pour se hasarder à descendre par cet escalier droit et rude, et si l'on avait le malheur de manquer une marche, le moindre risque qu'on courait était de se casser le cou.

Une affiche manuscrite, collée sur une planche, annonçait que la diligence de Queens-ferry, dite la Mouche de l'Aubépine, partirait à midi précis, le mardi 15 juillet 17..., afin que les voyageurs eussent le temps de profiter de la marée pour traverser le Frith. Cependant midi avait sonné au clocher de Saint-Gilles, les autres horloges l'avaient répété, et la véracité de l'affiche était en défaut, puisqu'aucune voiture ne paraissait encore dans la rue. Comme il n'y avait encore que deux places retenues, on pouvait conjecturer que la maîtresse du caveau, s'entendait avec son phaéton, pour donner le temps que les places vides fussent remplies.

Le jeune homme commençait à s'impatienter, lorsque la personne qui avait retenu la seconde place, vint partager avec lui cette contrariété que l'on doit compter au nombre de celles qui affligent la vie humaine. On distingue facilement l'individu qui se dispose à faire un voyage, du citadin sédentaire. Les bottes, le carrick, le parapluie, le petit paquet sous le bras, le chapeau enfoncé sur les

yeux , la rapidité de sa marche , son air pressé
et résolu , la brièveté de ses réponses aux
adieux et aux complimens de ses connaissances , sont autant de signes auxquels le voyageur qui passe une partie de sa vie dans les
diligences , recounait de loin son futur compagnon de voyage. C'est alors qu'il se hâte ,
d'après les conseils de l'experience , de choisir
la meilleure place , et d'arranger le bagage de
la manière la plus convenable à sa commodité.
Notre jeune homme n'était pas doué d'une
grande prudence ; d'ailleurs l'absence du carosse ne lui permettait pas de réclamer son
droit de priorité. Il s'amusa , pour passer le
temps , à observer le personnage nouvellement
arrivé au bureau , et à tâcher de deviner son
caractère et sa profession.

C'était un homme d'environ soixante ans ,
peut-être même plus âgé , mais dont le teint
fleuri et la démarche ferme , annonçaient
que les années avaient respecté ses forces et sa
santé. Ses traits fortement prononcés , son œil
vif et malin , un air de gravité , animé par une
légère expression d'ironie , donnaient à toute
sa physionomie la caractère écossais. Son vêtement complet d'une couleur assortie à son
âge , sa perruque poudrée de frais , et recou-

verte d'un chapeau enfoncé sur le front, laissait douter s'il etait ecclesiastique ou homme
du monde ; mais sa première exclamation ne
laissa aucun doute à cet égard.

Il arriva d'un pas précipité et jetant un coup
d'œil alarmé sur le cadran de l'horloge de
l'église et sur les lieux où la diligence devait
se trouver, il s'écria : Le diable s'en mêle, j'arrive trop tard.

Le jeune homme calma son inquiétude en
lui disant que la voiture n'avait pas encore
paru. Le vieillard se sentant lui-même coupa-
pable d'inexactitude, n'osait pas encore en
accuser le cocher. Il prit des mains d'un petit
garçon qui le suivait, un paquet qui semblait contenir un énorme volume in-folio, et
lui donnant en badinant un petit soufflet, il
lui de s'en aller et de dire à M. B...., que s'il
avait cru avoir encore de temps à lui, il aurait conclu son marché.

— Sois exact à tes devoirs, ajouta-t-il, et
tu feras ton chemin aussi bien que qui que ce
soit qui ait époussseté de vieux bouquins.

L'enfant attendait encore sans doute dans
l'espoir de voir arriver quelques sous pour
acheter des billes ; mais son attente fut vaine.
Le vieillard appuya son paquet sur une borne,

à l'entrée de la porte du caveau , et jetant un regard sur le voyageur qui était venu le premier , il écouta en silence s'il n'entendrait pas rouler la tardive diligence.

Enfin , après avoir comparé par des regards alternatifs l'aiguille du cadran de l'horloge avec celle d'une lourde et antique montre d'or à répétition qu'il tenait à la main. Il fronça le sourcil pour donner plus d'énergie à ce qu'il allait dire , en appelant la vieille dame de la boutique souterraine.

— Mistress... diable soit de votre nom ! Macleufar, je crois !... mistress Macleuchar ?

— Mistress Macleuchar , qui se doutait que l'assaut qu'elle avait à soutenir contre un si terrible adversaire , serait terrible , crut prudent de l'éviter au moins pour quelques instants , en ne répondant pas.

— Mistress Macleuchar ; peste soit de la vieille sorcière ! elle est sourde comme un pot. Eh , mistress Macleuchar !

— Je sers une de mes pratiques. — En vérité ma bonne amie , je ne vous surfais pas d'une obole.

— Femme, répéta le vieux voyageur, faut-il que nous nous morfondions ici à attendre , tandis que vous attrapez à une pauvre servante le peu d'épargne qu'elle fait sur ses gages.

— Attrape, répeta mistress Macleuchar, charmée de pouvoir repondre sur le point où elle pouvait prendre l'offensive, je méprise vos propos. Vous êtes un malhonnête, et je vous prie de ne pas venir m'insulter à ma porte.

— Cette femme ne me comprend pas, dit le vieillard en regardant son futur compagnon de voyage. — Femme, je n'attaque pas ta réputation, mais je désire savoir ce qu'est devenue la voiture.

— Que voulez-vous ? répondit mistress Macleuchar en redevenant sourde.

— Madame, dit le jeune étranger, nous avons pris des places dans votre diligence de Queensferry, — qui devrait être déjà à moitié chemin de cet endroit, continua le vieillard, dont l'impatience et la colère augmentaient à mesure qu'il parlait ; vraisemblablement nous manquerons l'heure de la marée, tandis que des affaires importantes m'appellent sur l'autre bord ; et votre maudite voiture...

— La voiture ? Dieu nous protège, messieurs ; elle n'est pas encore arrivée ? s'ecria la vieille dont la voix aigre commença à s'adoucir ; c'etait donc la voiture que vous attendiez ?

— Quoi donc aurait pu nous retenir à l'ardeur du soleil sous votre gouttière, femme sans foi ?

Mistress Macleuchar monta son escalier, jusqu'à ce que son nez fût de niveau avec le pavé, alors essuyant ses lunettes pour chercher ce qu'elle savait bien ne pas devoir trouver, elle s'écria avec un feint etonnement. — Dieu nous garde ! a-t-on jamais vu pareille chose ?

— Oui, femme abominable, repondit le vieil Ecossais, on verra pareille chose toutes les fois qu'on aura le malheur d'avoir quelque affaire à démêler avec ton misérable sexe.

En se promenant de long en large devant la porte du caveau, de même qu'un vaisseau qui après avoir lâché sa bordée devant une redoute ennemie, vire de bord pour en lâcher une seconde, de même, il s'arrêtait chaque fois, pour renouveller ses reproches, ses plaintes et ses menaces, et accabler mistress Macleuchar de sa foudroyante réthorique.

— J'appellerai une voiture de louage ; je prendrai une chaise de poste avec quatre chevaux, il faut que je passe l'eau dans la journée. Tous les frais, dommages et intérêts qu'occasionnera ce retard retomberont sur mistress Macleuchar.

Cette scène comique amusait le jeune voyageur ; le vieillard même quoique bien en colère était sur le point de rire aussi de l'explosion de son impatience , mais quand il vit mistress Macleuchar céder à la même envie, le feu de son courroux reprit une nouvelle ardeur.

— Femme , dit-il , en tirant de sa poche un morceau de papier chiffonné, n'est-ce pas vous qui avez fait distribuer cet avis au public ? n'annoncez-vous pas que la Mouche de l'Aubépine , ou la diligence de Queensferry , partira aujourd'hui à midi précis ? N'est-ce pas midi et 20 minutes ? Où est donc la Mouche , ton carosse ; tes promesses ne sont donc que des impostures ? Sais-tu le danger auquel l'on s'expose en trompant les sujets du roi ? sais-tu qu'on peut intenter une action contre toi , parce que tu ne remplis pas tes engagements. Réponds donc, et une fois dans ta vie aussi longue qu'inutile, parle avec vérité. Ta diligence existe-t-elle , ou bien ton programme menteur n'est qu'une amorce perfide pour faire perdre à ceux qui s'y fient leur temps , leur patience et trois schillings ? Parle , vieille sorcière , as-tu une telle voiture ? Réponds donc, oui ou non.

— Eh , oui , monsieur , tous les voisins

la connaissent, ma diligence : elle est peinte en
verd et rouge , avec trois roues jaunes et une
noire.

— Cette description détaillée n'est peut
être qu'une nouvelle imposture.

— Puisque vous ne voulez pas me croire ,
monsieur , reprit la vieille qui ne savait plus
que répondre à l'éloquence furibonde du voyageur, reprenez vos trois schillings , et que
tout soit fini.

— Reprendre mes trois schillings, femme ?
doucement, s'il vous plaît. Mes trois schillings
me conduiront-ils à Queensferry ? m'indem-
niseront-ils du retard que me fait éprouver
ton perfide avis au public ? payeront-ils les
dépenses que je serai obligé de faire à Queensferry , pendant une grande journée pour y
attendre la marée , ou pour louer une barque
dont le prix est de cinq schillings ? et mes
affaires retardées...

En ce moment le bruit lointain des roues
qui annonçaient la voiture attendue , suspendit
sa colere , elle arrivait avec toute la célérité
que pouvaient y mettre les deux vieilles rossi-
nantes qui y étaient attelées. Ce fut avec une
inexprimable satisfaction que mistress Macleuchar y vit monter son persécuteur, qui lui fit

ses adieux en la menaçaut , si la voiture n'arrivait pas à temps , pour profiter de l'heure
de la marée , de la rendre responsable de
toutes les conséquences. Le bruit des roues
empêcha d'entendre la suite de son discours.

La diligence avait fait près d'une demi-lieue
avant que le vieillard eût retrouvé l'équilibre
de son ame, ce qui n'arriva qu'après main-
tes exclamations sur les craintes qu'il éprouvait de manquer la marée. Cependant par degrés sa colère se calma , il se dérida et ayant
ouvert son paquet, il en sortit un gros volume
qu'il feuilleta avec complaisance, examinant
chaque feuille avec un soin extrême pour s'assurer qu'elle etait entière , sans dommage , et
chaque page sans défaut depuis le titre jusqu'à
la signature. Son compagnon de voyage prit
la liberté de lui demander quel était le suj t
d'une si scrupuleuse attention. A cette question , le vieillard jeta sur lui un regard iro-
nique qui semblait supposer que sa réponse
devait être sans intérêt pour une personne
hors d'état de la comprendre. Néanmoins , il
lui dit que l'ouvrage qu'il avait entre ses mains
était l'*Itinerarium Septentrionale* de Sandy
Gordon , livre précieux pour faire connaître
les ruines romaines qu'on trouvait en Ecosse.

Cette réponse n'effraya pas le jeune homme, qui par d'autres questions sur le même sujet prouva que, sans être doué de connaissances profondes sur les antiquités, il avait reçu une éducation assez soignée pour être capable d'écouter avec plaisir et intérêt ceux qui s'y connaissaient mieux que lui. Dès que le vieux Ecossais eut découvert cette capacité dans son compagnon de voyage, il se plongea avec confiance dans ses discussions favorites sur les urnes, les vases, les autels et les camps romains.

Le charme qu'il éprouvait dans cette conversation, lui fit passer le temps si agréablement, qu'il ne s'aperçut pas que la voiture s'était arrêtée deux fois, et chaque fois pour un bien plus long délai que celui qui avait si violemment attisé le feu de sa colère contre la pauvre mistress Macleuchar, sans que notre ANTIQUAIRE manifestât d'autre impatience que quelques légers murmures sur ce que ses dissertations etaient parfois interrompues.

Un ressort de la voiture s'étant rompu, fut la cause du premier retard; il ne s'aperçut pas qu'on avait mis une bonne demi-heure pour remédier à cet accident. Quand au second, s'il n'en fut pas lui-même la cause, il y contribua du moins à le prolonger , en exigeant qu'on mît à un des chevaux un fer qui manquait à un de ses pieds de devant. Il fit part au cocher de cette découverte. — Oh ! répondit celui-ci , Jamie Martingale est chargé d'entretenir les fers des chevaux , et je ne puis m'arrêter pour leur en faire mettre de neufs.

— Si tu ne fais pas ferrer cette pauvre bête , je te déclare que je te ferai punir quand il n'y aurait qu'un juge de paix dans tout le comté. En même temps il ouvre la portière et descend de la voiture. Le cocher intimidé lui obéit en disant que si l'on manque la marée , on ne peut point s'en prendre à lui , puisqu'on le force à s'arrêter contre sa volonté.

Je ne chercherai pas à pénétrer les causes qui déterminent les actions de la plupart des hommes, ni, si en cette occasion, la pitié de mon vieux ami, l'antiquaire à la perruque poudrée, n'eut pas pour auxiliaire le désir de montrer à son compagnon les restes d'un ancien camp des Pictes, situé à peu de distance de l'endroit où ils venaient de s'arrêter. Je dois cependant dire qu'il n'aurait jamais forcé un cocher de marcher avec un cheval blessé. Mais il faut avouer que si le conducteur évita

de violens reproches, il le dut à l'excursion
agréable que fit le vieillard dans cet antique
lieu pour lequel il montrait tant de prédi-
lection.

Tous ces retards réunis firent perdre beaucoup de temps, et lorsque l'antiquaire descendit de la montagne au pied de laquelle est
située l'auberge de l'Aubepine, il vit en jetant
un coup-d'œil sur le rivage, que l'heure de la
marée était passée, les rochers noirs couverts
d'herbes marines étant à découvert. Le jeune
voyageur s'attendait alors à un nouvel accès de
colere, mais soit que le vieux Ecossais en eût
tari les sources dans son colloque avec mistress Macleuchar; soit qu'il fût charmé de re-
tarder son voyage pour jouir plus long-temps
de l'agréable compagnie d'un jeune homme
dont les goûts paraissaient conformes aux siens,
il parut se résiguer. Cependant il ne put s'empêcher de laisser encore échapper quelques
exclamations.

— Que le diable emporte la vieille sorcière
et sa diligence, qu'on devrait appeller plutôt
la paresse. On l'appelle la Mouche; oui, mais
c'est une mouche dans de la glu. Enfin, toutes
nos plaintes n'accelèrent pas le retour de la
marée; je pense, mon jeune ami, qu'il faut

se soumettre aux événements et faire une halte
à l'Aubépine , auberge où l'on est assez bien ,
et là je vous donnerai l'explication qui existe
sur les divers camps romains, qui ont été
confondus par presque tous les historiens. Il
fallait au surplus que nous dînassions quelque
part , autant vaut-il que ce soit à l'Aubépine
qu'ailleurs , et nous aurons de plus l'agrement
de nous mettre en route avec la marée et le
vent frais du soir.

Ce fut avec cette résignation que nos voyageurs entrèrent dans l'auberge de l'Aubépine.

CHAPITRE II.

À mesure que le plus âgé des deux voyageurs
descendit de la diligence , il fut salué par l'aubergiste , homme gros et goutteux, qui, avec
ce melange de familiarité et de respect qui
distingue les aubergistes écossais, lui dit : —— Que
le ciel nous soit en aide , Monkbarns (en lui
donnant le nom de sa terre , titre qui sonne
toujours agréablement à l'oreille d'un propriétaire écossais), est-ce bien vous ? Je ne pen-
sais guères à voir votre honneur ici avant la
fin de la session d'été.

— Vieux radoteur du diable ! qu'ai-je à démêler avec la session ou les oisons qui la fréquentent et les faucons qui y guettent leur proie !

— Ma foi, c'est vrai ; dit l'hôte, qui, dans le fait, n'avait parle que par un souvenir vague de la première éducation de l'étranger ; mais qui aurait été fâche qu'on ne le crût pas bien informé de la profession des pratiques qui le visitaient. C'est la vérite; mais je croyais que vous aviez quelque affaire en justice ; moi-même j'en ai une, c'est pour ma cour de derriere ; c'est un procès bien connu, vous avez pu en entendre parler. Oh ! c'est une belle chose que de voir le soin qu'on a à rendre la justice dans ce pays !

— Taisez-vous, bavard, dit le voyageur d'un ton de bonne humeur, et dites-nous ce que vous pouvez nous donner pour dîner, à ce monsieur et à moi.

— Nous avons du poisson, des truites de mer et de la morue, dit Mackitchinson en tordant son tablier ; nous pouvons vous servir aussi des côtelettes de mouton et une tarte de mûres sauvages. Vous n'avez qu'à dire ce que vous désirez.

— Cela signifie qu'il n'y a pas autre chose;

Va donc pour le poisson, les côtelettes et la
taite. Mais n'imitez pas ces délais prudents
que vous louez dans les cours de justice.
Qu'on nous serve à l'instant.

— Le diner sera servi *quamprimùm* et *pe-
remptoriè*, dit Mackitchinson, qui à force de
parcourir les volumes des procédures des ses-
sions, en avait retenu quelques termes. Avec
cette flatteuse assurance, il les laissa dans son
salon, orné des gravures des quatre saisons.

Pendant que, malgré la promesse de l'hôte,
le diner se faisait attendre, notre jeune voyageur eut le loisir de s'informer du rang et de
la profession de son compagnon de voyage.
Les renseignements qu'il tira des gens de la
maison, n'étaient que des détails d'une nature
générale et peu authentique, cependant ils
suffirent pour lui faire connaître ce personnage, que nous allons tâcher de depeindre
avec plus de soin à nos lecteurs.

Jonathan Oldenbuck, ou Oldinbuck, ou
par contraction, Oldbuck de Monkbarns,
était le second fils d'un gentilhomme qui possédait une petite propriété dans le voisinage
d'un petit port de mer situé sur la côte nord-
est de l'Ecosse, et que, pour diverses raisons
nous appellerons Fairport. Depuis plusieurs

générations ses ancêtres y étaient établis , et dans quelques comtés d'Angleterre , cette famille aurait pu passer pour avoir quelque importance. Mais le comté de.. était rempli de gentilshomme d'une fortune et d'une naissance bien plus elevées. Dans le siècle précédent , la noblesse du voisinage avait été presque toute jacobite , tandis que les propriétaires de Monkbarns , de même que les bourgeois de la ville voisine avaient soutenu la cause de la succession protestante. Néanmoins les Monkbarns avaient une genéalogie dont ils se glorifiaient presque autant que ceux qui les méprisaient, se vantaient de leur origine saxone, normande , ou celtique. Le premier Oldenbuck , qui s'était établi dans le domaine de la famille peu de temps après la réforme , prétendait descendre de l'un des inventeurs de l'imprimerie en Allemagne , et avait quitté sa patrie , à cause des persécutions qu'éprouvaient ceux qui faisaient profession de la religion réformée. Il avait été accueilli d'autant plus favorablement dans la ville voisine , qu'il souffrait pour la cause protestante , et surtout parce qu'il apportait une somme d'argent suffisante pour acheter la petite propriété de Monkbarns , qui lui fut vendue par un laird dissipateur , au

père de qui le gouvernement l'avait donné avec
d'autres biens d'église , lors de la suppression
du monastère auquel il avait appartenu. Les
Oldenbucks furent donc de loyaux sujets chaque fois qu'il éclatait une insurrection; et comme ils étaient en bonne intelligence avec les
habitants de la ville voisine , il se trouva que
le laird de Monkbarns qui vivait en 1745 , en
était prévôt dans cette malheureuse année , et
montra beaucoup de zèle en faveur du roi
Georges , et il fit même des dépenses dont ,
suivant la coutume libérale du gouvernement
envers ses amis , il ne fut jamais remboursé.
A force de sollicitations , il parvint cependant
à obtenir une place dans les douanes et par
ce moyen il fut à même d'augmenter considé-
rablement la fortune paternelle. Il n'eut que
deux fils , dont le laird actuel était le plus jeune , et deux filles dont l'une vivait encore dans
le célibat ; l'autre beaucoup plus jeune s'était
mariée par amour à un capitaine du 42e régi-
ment qui n'avait d'autre fortune que sa com-
mission et sa généalogie. La pauvreté troubla
une union que l'amour avait rendue heureuse ,
et le capitaine Mac-Intyre , pour soutenir sa
femme et ses deux enfants , avait été obligé
d'aller chercher fortune dans les Indes Orien-

tales. Ayant fait partie d'une expédition contre Hider-Ali , son detachement fut taillé en pièces , et on ne sut jamais s'il avait peri dans la bataille ou s'il avait été tué en prison , ou s'il vivait encore dans une captivité que le caractère du tyran indien rendait sans espoir de liberté. Elle mourut sous le fardeau de la douleur et de l'incertitude , et elle laissa son fils et sa fille à la charge du laird actuel de Monkbarns.

L'histoire de ce propriétaire ne sera pas longue. Etant un fils cadet , son père se proposait de l'associer à une maison de commerce, dirigée par un de ses parents du côté maternel. L'esprit de Jonathan se révolta contre cette proposition. Il fut alors placé en qualité de clerc chez un procureur ; il fit tant de progrès , qu'il fut bientôt au fait de toutes les formes des investitures feodales ; il prenait tant de plaisir à concilier leurs incohérences et à démontrer leur origine, que son maître espéra qu'il deviendrait un jour un habile notaire. Mais il s'arrêta sur le seuil, et quoiqu'il eût acquis quelque connaissance de l'origine et du système général des lois de son pays , on ne put jamais lui persuader de les diriger vers un but pratique et lucratif. Ce n'etait pas par oubli des avantages qui accompagnent la richesse, qu'il trompait les espérances de son maître. — S'il était étourdi, léger, ou *rei suæ prodigus*, disait le procureur, je saurais qu'en faire. Mais il ne donne jamais un schilling sans compter avec soin ce qu'on lui rend ; il fait durer six pences plus long-temps qu'un autre une demi-couronne; et il restera des jours entiers à déchiffrer un vieil acte du parlement en lettres gothiques, plutôt que d'aller au café ou au jeu de mail ; et cependant il ne donnera pas un de ses jours à une petite affaire de routine, qui lui mettrait vingt schillings dans sa poche : mélange singulier d'économie et d'indolence, d'industrie et de négligence. Je ne sais vraiment que faire de lui.

Mais le temps fournit à son élève les moyens de faire ce que bon lui semblait. Car son père mourut et son frère aîné ne lui survécut pas long-temps. Il aimait avec fureur la chasse et la pêche ; et il mourut des suites d'une sueur rentrée qu'il gagna en tuant des canards dans le marais de Wittlefitting-moss, quoiqu'il eût bu dans la matinée une bouteille d'eau-de-vie pour préserver son estomac du froid. Jonathan se mit en possession des biens de la famille, et les revenus de ces biens lui suffirent

pour vivre honorablement sans avoir besoin
de recourir aux subtilités de la chicane. Comme ses désirs étaient bornés , et que ses revenus augmentèrent à raison de l'améliora-
tion du pays , il les vit s'accumuler dans ses
coffres , chose à laquelle il n'était pas insensi-
ble , vu son indolence pour gagner lui-même
de l'argent. Il était considéré par les bourgeois de la ville voisine , comme un homme
qui avait des goûts et des habitudes incompré-
hensibles , et parce qu'il ne les fréquentait
pas , il n'en parlaient qu'avec envie. Cependant le respect que l'on avait toujours porté
aux lairds de Monkbarns , et sa réputation
d'homme à argent comptant , lui donnaient une
grande considération. Les gentilshommes cam-
pagnards quoique beaucoup plus opulents que
lui , ne possédaient pas son intelligence ; ils le
voyaient fort peu, un seul excepté avec lequel
il était plus étroitement lié. Il recevait fré-
quemment les visites du docteur et du ministre ; mais ses loisirs étaient remplis par ses
goûts particuliers qui le mettaient en corres-
pondance avec les amateurs d'antiquité , qui
comme lui levaient les plans des vieilles for-
teresses ou châteaux gothiques en ruines, dé-
chiffraient les inscriptions illisibles , cher-

chaient à reconn..?re les champs ou les lieux
témoins des anciens combats et écrivaient des
essais sur les médailles , à raison de douze
pages pour chaque lettre de la légende. Il
avait contracté une certaine irritabilité d'humeur qui provenait , disait-on dans le pays,
du peu de succès d'un premier et violent
amour. Le souvenir de cette passion malheureuse , l'avait rendu *misogyne* , et cette espèce
de rancune qu'il conservait contre le beau sexe,
le rendait par fois injuste envers sa sœur et sa
nièce qui avaient pour lui les plus grandes
attentions , et qui le considéraient comme le
plus savant homme qui existât. Nous devons
cependant convenir que sa sœur miss Grizzy
Oldbuck , se cabrait contre lui, lorsqu'il voulait tenir les rênes trop serrées. Nous renon-
çons à la tâche fatigante d'énumérer tous les
traits du caractère de notre héros , parce que
dans le cours de cette histoire, ils se develop-
peront dans tout leur jour.

Pendant le temps du dîner , M. Oldbuck ,
stimulé par la même curiosité qu'avait eue
son compagnon de voyage, se permit, vu l'autorité que lui donnaient son âge et son rang
dans le monde, des questions dont le but était
de connaitre le nom , la qualité et les projets
de sa nouvelle connaissance.

Le jeune homme répondit qu'il se nommait Lovel.

— Descendriez-vous du favori du roi Richard ?

— Il n'avait pas, dit-il, la prétention d'avoir une si haute lignée. Son père était un gentilhomme du nord de l'Angleterre. Il allait à Fairport et s'il trouvait le séjour de cette ville agréable, il y passerait quelques semaines.

— Le voyage de M. Lovel n'est donc pas une partie de plaisir ?

— Pas , absolument.

— Peut-être des affaires commerciales l'attirent à Fairport ?

— Il y avait bien quelques affaires ; mais elles n'avaient aucun rapport au commerce.

Il y eut un moment de silence , et M. Oldbuck ne pouvant pousser plus loin son enquête sans manquer aux lois des convenances, se vit forcé de changer de conversation.

Quoique notre antiquaire ne fût pas ennemi de la bonne chère , il craignait les dépenses superflues , aussi lorsque son compagnon lui proposa une bouteille de Porto , il se récria sur le mélange abominable des boissons pernicieuses qu'on vendait sous ce nom, et préféra un verre de punch comme plus salutaire

et plus convenable à la saison , et il saisit
même le cordon de la sonnette pour en demander. Mais Mackitchinson avait décidé ce
qui convenait à ses hôtes : il parut en ce
moment avec une grande bouteille cachetée ,
couverte de sable et de toiles d'araignee ,
preuves de son antique origine.

— Vous demandez du punch , Monkbarns,
le diable m'emporte si je vous en donne une
goutte.

— Que voulez-vous dire , insolent ?

— Je veux dire que vous m'avez joué un
tour que je n'oublierai jamais.

— Moi, je vous ai joué un tour !

— Oui, vous même , Monkbarns. Le laird
de Tamlowrie , sir Gilbert Grizzlecleugh , le
vieux Rossballoh étaient ici à se réjouir autour d'un bowl de punch , quand vous arri-
vâtes malheureusement pour moi ; vous leur
racontâtes une de vos anciennes histoires , et
vous finîtes par les emmener derrière la maison
pour leur montrer je ne sais quels vestiges d'un
ancien camp romain. Ah ! monsieur , continua-t-il en s'adressant à Lovel , il ferait descendre les oiseaux des arbres pour ouir ses
vieilles sornettes ; il me fit perdre la belle occasions de débiter six bonnes bouteilles de Bor-

deaux, davantage même, car j'avais affaire à de fameux buveurs.

— Taisez-vous, impertinent, et apportez-nous, une bouteille de Porto.

— De Porto! non; on doit laisser le punch et le Porto aux gens de notre espèce, mais à des personnages comme vous, c'est du Bordeaux qu'il faut vous offrir; et je me flatte que jamais vous n'en avez bu d'aussi bon que celui que je vous apporte.

— N'admirez-vous pas le ton absolu de ce faquin? Eh bien, mon jeune ami, il faut pour cette fois préférer le Falerne au *vile sabinum*.

L'aubergiste déboucha la bouteille à l'instant, versa le vin dans une carafe d'une capacité convenable, et déclarant que le bouquet embaumait l'appartement, il laissa à ses hôtes le soin d'y faire honneur.

Le vin de Mackitchinson était réellement bon, il fit un effet agréable sur l'imagination du vieillard, qui raconta quelques bonnes histoires, quelques joyeuses plaisanteries et finit par commencer une profonde discussion sur les anciens auteurs dramatiques, mais ayant trouvé sa nouvelle connaissance, pour le moins aussi savante que lui sur cette matière; il le

soupçonna de s'y être appliqué par une étude
spéciale.

C'est un voyageur qui court le monde partie pour son plaisir et partie pour affaires,
pensa-t-il. L'un n'exclut pas l'autre : le théâtre
les réunit tous les deux. C'est un travail pour
les acteurs, et il donne, ou du moins il doit
donner du plaisir aux spectateurs. Son air,
ses manières ne ressemblent aucunement à
cette classe de jeunes gens qui embrassent
cette profession ; mais je me rappelle avoir
ouï dire que le théâtre de Fairport doit faire
son ouverture par le début d'un jeune homme
comme il faut qui n'a jamais paru sur aucun
autre théâtre. Ce pourrait bien être ce Lovel ?
oui Lovel ou Belville, ce sont des noms que
les jeunes gens prennent en pareille occasion.
Ma foi, j'en suis fâché pour lui.

M. Oldbuck était habituellement économe,
mais il n'était pas avare. Sa première pensée
fut d'épargner à son compagnon de voyage ce
qu'il devait de son écot, présumant que dans
sa position, cette dépense devait lui être plus
ou moins onéreuse. Il prit un prétexte pour
sortir un instant, et régla le compte avec M.
Mackitchinson. Le jeune voyageur se forma-

lisa de cette libéralité ; mais après il céda par déférence pour son âge et sa consideration.

Dans la satisfaction mutuelle où ils se trouvaient de la société l'un de l'autre, M. Oldbuck proposa à Lovel de continuer leur voyage ensemble. Lovel accepta. M. Oldbuck , sous le prétexte qu'il occupait plus de place , voulut payer les deux tiers d'une chaise de poste ; mais Lovel ne consentit point à cette nouvelle générosité. La dépense fut égale pour chacun, à l'exception que Lovel gratifiait le postillon de quelques schillings, tandis que Oldbuck se conformant aux anciennes coutumes , ne donnait à chaque relai que ce que l'ordonnance exigeait. En cette manière de voyager, ils arrivèrent à Fairport le lendemain vers deux heures.

Lovel s'attendait probablement à être invité à dîner par son compagnon de voyage en arrivant ; mais soit par crainte que rien ne fût préparé pour recevoir un hôte inattendu , soit pour toute autre raison , M. Oldbuck se contenta de l'engager à venir le voir une de ces matinées , le plutôt qu'il pourrait. Il le recommanda à une veuve qui louait des appartemens garnis, et à un excellent traiteur qui tenait une table d'hôte où l'on ne recevait que la bonne compagnie, ayant soin cependant de les prévenir qu'il avait fait la connaissance agréable de M. Lovel dans une chaise de poste, et qu'il n'avait nullement l'intention de se rendre garant des dettes qu'il pourrait contracter pendant son séjour à Fairport. Les manières et la figure intéressante du jeune homme, sans oublier une malle bien garnie qui arriva par mer, à son adresse, le lendemain à Fairport, parlèrent en sa faveur au moins aussi fortement que la recommandation limitée de son compagnon de voyage.

CHAPITRE III.

Après s'être installé dans son nouvel apparment à Fairport, M. Lovel pensa à rendre visite à son compagnon de voyage, comme il avait paru le désirer. Il ne l'avait pas fait plutôt, parce qu'il s'était aperçu que le vieux gentilhomme malgré son air joyeux, avait pris quelquefois un ton de supériorité qu'il avait cru devoir attribuer à la différence d'âge. Il attendit donc l'arrivée de son bagage d'Edimbourg, afin de s'habiller selon la mode du jour, et prendre l'extérieur convenable au rang qu'il tenait et auquel il se croyait des droits dans la société.

Ce fut le cinquième jour de son arrivée qu'ayant pris les informations nécessaires pour ne pas s'égarer en chemin, il partit pour aller présenter ses respects à Monkbarns. Un sentier traversant deux ou trois prairies conduisait à cette maison qui était située sur une élévation, d'où l'on jouissait d'une vue magnifique de la baie et de la rade où se trouvaient tous les navires. Cette éminence la séparait de la ville, la défendait contre les vents du nord-ouest et lui donnait une apparence solitaire. L'extérieur était simple; c'était un bâtiment irrégulier, ancien, qui avait autrefois servi de grange ou de ferme habitée par le bailli du monastère dans le temps que c'était une dépendance ecclésiastique. L'on y renfermait les grains provenant des redevances des vassaux, ce qui lui avait fait donner le nom de Monkbarns ou grange des moines, comme le disait le propriétaire actuel. Ceux qui succèdèrent aux baillis, firent diverses additions au bâtiment, suivant les besoins de leur famille, et ils ne consultèrent ni les convenances intérieures, ni la régularité de l'architecture. Le tout ensemble figurait un hameau arrête tout-à-coup

au milieu d'une danse conduite par Amphion
ou Orphée. Cette habitation était entourée de
haies formées par des ifs, des houx taillés en
formes bisarres où brillait le talent de l'artiste qui avait représenté des tours, des fau-
teuils, Saint Georges et le dragon. Le goût
de M. Oldbuck n'etant point ennemi d'un art
maintenant inconnu, il respecta ces ornements
dont la destruction aurait brisé le cœur de
son jardinier. Un grand houx dont les branches touffues avaient eté respectées par le fer
de l'artiste, formait un berceau qui ombra-
geait un banc de gazon, sur lequel Lovel
trouva son vieil ami, assis, les lunettes sur le
nez et occupé à lire attentivement le London
Chronicle. Il était rafraîchi par la brise d'été
dont le leger frémissement à travers le feuillage se mêlait au murmure des vagues qui se
brisaient sur la plage voisine.

M. Oldbuck s'avança aussitôt vers son compagnon de voyage, et lui prit la main en lui
souhaitant le bon jour. — Par ma foi, dit-il,
je croyais que vous aviez changé d'idée et que
trouvant le peuple de Fairport trop stupide
vous l'aviez jugé indigne d'apprécier vos talents,
et qu'en conséquence de cette bonne opinion,
vous lui aviez dit adieu comme font les Fran-

çais ou plutôt comme fit mon vieux confrère l'antiquaire Mac-Cribb lorsqu'il m'emporta une de mes médailles syriennes.

— J'espere, monsieur, que je ne mériterai jamais un pareil reproche.

— J'aurais eu beaucoup de la peine à vous le pardonner ; j'aurais preféré que vous m'eussiez pris mon Othon de cuivre. Mais venez que je vous introduise dans ma cellule, c'est ainsi que je l'appelle ; car excepté deux huissiers de la gent femelle, (cette expression de mépris qu'il empruntait à son frère en antiquités, le cynique Antoine Wood, servait à désigner le beau sexe en général, et sa sœur et sa nièce en particulier,) qui sous un vain prétexte de parenté se sont établies dans ma maison, je vis ici comme un cenobite, ou comme mon prédécesseur John de Girnell dont je puis vous montrer le tombeau.

En parlant ainsi, le vieux gentilhomme lui frayait une route vers une porte basse ; mais avant d'entrer, il s'arrêta pour lui montrer quelques vestiges qu'il appelait une inscription, et secouant la tête comme pour dire qu'elle était indéchiffrable. — Ah ! si vous saviez, M. Lovel, dit-il, le temps et la peine que m'ont coûte les traces de ces lettres effazées ! jamais travail d'enfantement n'a été si laborieux pour ma mère , et cela sans y parvenir. Cependant je crois positif que ces deux premières traces indiquent les lettres ou les chiffres LV , ce qui me conduit à la date précise où cette maison a été construite. Néanmoins, nous savons *aliundè* qu'elle a été fondée par l'abbé Waldimir au milieu du quatorzième siècle. Je pense que l'ornement du centre de cette inscription pourrait être plus facilement distinguée par des yeux meilleurs que les miens.

— Je crois , dit Lovel pour se conformer aux goûts du vieillard , qu'elle a la forme d'une mître.

— Une mître... vous avez raison : oui , vous avez raison , je ne m'en étais jamais aperçu. Ce que c'est que d'avoir de jeunes yeux. Comment cela a-t-il pu m'échapper ? Une mître , oui , c'est bien une véritable mître.

La ressemblance n'était guère plus grande que celle du nuage de Polonius, dans la tragédie d'Hamlet, avec une baleine ou un merle; mais elle était suffisante pour mettre le cerveau de l'antiquaire en mouvement. Une mître, mon cher monsieur , continua-t-il , en le conduisant à travers un labyrinthe de dé-

tours et de passages etroits et obscurs , et en
accompagnant sa discussion d'avis nécessaires à
diriger les pas de son hôte dans ce nouveau
dédale ; une mître , elle convenait aussi bien à
notre abbé qu'à un évêque ; c'etait un abbé
mîtré , un grand de l'église. Faites attention à
ces trois marches .Je sais que Mac-Cribb le
nie ; mais c'est aussi certain qu'il m'a pris
mon Antigonus sans mon autorisation. Vous
pouvez voir le nom de l'abbé de Trotcosey ,
abbas Trottocosiensis , en tête des regîtres du
parlement dans les quatorzième et quinzième
siècles. Ces maudites femelles laissent toujours
quelques baquets dans le passage ; il y a peu
de jour , prenez bien garde ; il n'y a plus que
douze marches , montez et nous sommes arririvés.

M. Oldbuck venait d'atteindre le haut de
l'escalier tournant qui conduisait à son appartement , et à peine eut-il ouvert une porte en
poussant un morceau de tapisserie qui la couvrait , qu'il s'écria : — Que faites-vous ici ,
impertinente ? Une servante à pieds nuds ,
prise en flagrant délit tandis qu'elle nettoyait
les meubles , prit la fuite par la porte opposée
à celle d'où venait d'entrer son maître courroucé. Une jolie personne qui surveillait cet

arrangement n'abandonna pas ainsi le terrain
et répondit avec un ton timide :

— Certainement, mon oncle, votre cabinet,
n'était pas en état d'être montré à personne,
et j'étais montée avec Jenny pour voir si elle
remettrait chaque chose à sa place.

M. Oldbuck n'aimait pas plus l'arrangement
que Orkborne ou tout autre savant. — Eh,
comment, vous ou Jenny, osez-vous vous
mêler de mes affaires particulières ? occupez-
vous de vos aiguilles, et si jamais je vous re-
trouve ici, vos oreilles en souffriront.

Pendant que le vieux antiquaire, racontait
à son jeune compagnon, que dans une de leurs
incursions, ces prétendues amies de la pro-
preté lui avaient tout bouleversé, la jeune demoiselle fit une révérence à Lovel et profita
de la tirade de son oncle pour s'échapper.

— La poussière qu'elles ont fait, continua-t-il, va vous étouffer; mais je vous assure
que c'est une poussiere très-ancienne, et même
très-paisible il y a une heure, et qui l'aurait
été pendant un siècle si ces deux bohémiennes
ne l'étaient venue troubler, comme elles trou-
blent tout le monde.

Il est certain qu'au milieu de cet épais atmos-
phère, Lovel ne pouvait encore voir dans quelle

espèce d'appartement son ami avait établi sa re=
traite. C'était une chambre élevée, éclairée par
de hautes fenêtres garnies de jalousies, une des
extrémités de l'appartement était couverte
d'étagères trop petites pour le nombre de volumes qu'elles supportaient, qui étaient non
seulement placés sur trois rangs de profon-
deur, mais encore répandus sur les chaises, sur
les tables et sur le plancher, disputant le terrain à un cahos de mappemondes, de gravures, de rouleaux de parchemin, de liasses de
papier, de débris de vieilles armures, d'épées,
massues, dirks, lances et targes highlandaises.
Derrière le siège de M. Oldbuck, vieux et grand
fauteuil couvert en peau, luisant à force de
services, était une vieille armoire de chêne,
décorée à chaque coin de deux chérubins hol-
landais, avec leurs petites ailes de canards dé-
ployées, et leur gros visage joufflu placé en=
tr'elles. Le dessus de cette armoire était couvert
de lampes romaines, de bustes, de patères
avec quelques figures de bronze. Les murs de
l'appartement étaient en partie cachés par une
vieille tapisserie représentant la mémorable
histoire de sir Gawaine. On avait rendu justice à la laideur de sa dame ; mais à en juger
par sa propre figure, le gentil chevalier n'avait

pas autant de raison que le romancier lui en a
donné , pour se plaindre de la disproportion
qu'il y avait entre sa dame et lui. Le reste de
la chambre était décoré de panneaux de chêne
noir contre lesquels étaient suspendus deux ou
trois portraits revêtus d'armures , les héros
de l'histoire d'Ecosse , que M. Oldbuck préférait, et quelques autres représentant ses ancêtres en habit de cérémonie et à larges perruques. Une grande table de chêne était couverte
d'une profusion de papiers , de parchemins, de
livres, et d'autres objets de divers métaux qu'il
serait difficile de décrire , et qui n'étaient esti-
més qu'a cause de la rouille qui en annonçait
l'antiquité. Au milieu de ces livres , de ces
vieux ustensiles , et avec une gravité comparable à celle de Marius assis sur les ruines de
Carthage , était couché un gros chat noir, que
des yeux superstitieux auraient pu considérer
comme le *genius loci* , le démon tutelaire de
l'appartement.

Au milieu de ce désordre , il était impossible de faire deux pas pour prendre une
chaise , sans fouler aux pieds quelques livres , ou sans courir le risque d'écraser et de
briser quelque fragment de poterie romaine ou
celtique. Dans la supposition où avec autant
de

de bonheur que d'adresse on serait parvenu à atteindre le siége désiré, il fallait avant de s'y asseoir le débarrasser avec précaution de gravures qui auraient pu éprouver quelque dommage, et de plusieurs paires d'éperons ou de boucles gothiques qui en auraient occasionné a ceux qui se seraient assis sans reflexion. L'antiquaire eut soin de prévenir Lovel, de l'événement désagréable qui était arrivé à son ami le révérend docteur Heavisterne des Pays-Bas, pour s'être assis inconsidérément sur deux chevaux de frise, que l'on avait déterrés récemment dans la fondrière de Bannockburne, qui y avaient été placés par Robert Bruce pour arrêter la cavalerie anglaise, ét qui malheureusement dans la suite servirent à endommager la partie postérieure d'un savant professeur d'Utrecht.

Ayant enfin trouvé le moyen de s'asseoir sans danger, Lovel fit quelques questions sur les objets étranges qui l'environnaient ; il trouva son hôte si disposé à lui donner les explications les plus étendues, qu'il se repentit presque de les lui avoir faites. L'antiquaire lui montra d'abord un bâton dont le bout était armé d'une pointe de fer, qui avait été trouvé dans un champ dépendant de

Monkbarns , à côté d'un ancien cimetière ; il
ressemblait à un de ces bâtons que portent
les montagnards lorsqu'ils descendent dans les
basses terres dans leur émigration annuelle ;
mais M. Oldbuck était singulièrement tenté
de le prendre pour une de ces massues dont
les moines armaient jadis leurs paysans au
lieu d'armes plus guerrières. Il lui montra ensuite des instruments de torture dont on se servait contre les covenantaires, ainsi qu'un collier
de fer sur lequel était gravé le nom d'un voleur
qui avait été condamné à servir un baron voisin , au lieu de la punition écossaise moderne,
qui envoie ces malfaiteurs enrichir l'Angleterre par leur travail et eux-mêmes par leur
dextérité. Il lui fit faire connaissance avec une
grande quantité de curiosités toutes plus extraordinaires les unes que les autres par leur forme
et leur vetusté; mais ce dont il était le plus glorieux, c'était sa collection de vieilles editions.
Il est vrai qu'elle était curieuse, et qu'elle aurait
excité l'envie d'un amateur. Elle n'avait pas été
rassemblée aux prix énormes des temps modernes , qui feraient trembler les plus déter-
minés de nos anciens bibliomanes. Mais à
mon avis , il n'en est pas de plus intrépide que
le fameux Don Quichotte de la Manche , qui,

comme le rapporte son véridique historien ,
Cid Hamet Benengeli, échangea des champs et
des fermes contre des in-4°. et des in-folio de
chevalerie. Cette prouesse du bon chevalier
errant a été imitée de nos jours par bien des
lords, des chevaliers et des écuyers, quoique
nous n'ayons pas encore entendu dire que
quelqu'un d'entr'eux ait pris une auberge pour
un château, et baissé la lance contre un moulin
à vent. M. Oldbuck n'avait pas suivi l'exemple
de ces amateurs dans leurs dépenses ; mais
trouvant son plaisir à former sa bibliothèque,
il avait économisé sa bourse aux dépens de
sa peine et de son temps. Il n'encourageait
pas cette ingénieuse race de péripatéticiens
qui s'entremettent entre le bouquiniste et le
riche amateur, profitant de l'ignorance du
premier et de la richesse et du goût du dernier. Quand on parlait en sa présence de ces
opulents bibliomanes , il ne manquait pas de
faire observer combien il était avantageux
de se procurer l'objet de la première main ,
et il racontait alors son histoire favorite de
David-le-Barbouillé et du traité sur les échecs,
par Caxton.

— David Wilson, disait-il , appelé David-
le-Barbouillé, parce que son nez était toujours

rempli de tabac, était le roi des furets pour trouver des livres rares dans des rues écartées et chez de vieux fripiers ruinés. Il avait l'odorat d'un chien d'arrêt et l'opiniâtreté d'un boule-dogue. Il trouvait une vieille ballade au milieu des mauvais papiers de la beurrière, et une édition *princeps* sous le masque d'un *corderius* pour les écoles. Il acheta d'un bouquiniste de Hollande le traité des échecs de Caxton 1474, le premier livre imprimé en Angleterre, pour deux pences (deux sols). Il le vendit à Osborne vingt livres sterlings. Osborne le vendit soixante guinées au docteur Askew. Ce livre inestimable fut acheté pour le roi à la mort du docteur cent soixante et dix livres sterlings. S'il s'en trouvait encore un exemplaire, quel en serait maintenant le prix ? Et cependant il ne coûta que deux pences a la première main. O fortuné, et trois fois fortuné David-le-Barbouillé!

— Moi-même, monsieur, ajouta-t-il, quoique bien inférieur à ce grand homme, en industrie, en discernement, en présence d'esprit, je puis vous montrer peu de choses, il est vrai, fort peu de choses, que j'ai ramassé, non à force d'argent, comme quelques riches le font; lesquels, comme le dit fort bien mon ami Lucain , ne prodiguent leur bourse que pour illustrer leur ignorance ; mais d'une manière qui démontre que je m'entends un peu dans cette matière. Voyez ce recueil de ballades , les plus jeunes sont de 1700 , et quelques-unes ont cent ans de plus , je les ai achetées d'une vieille femme qui les aimait mieux que son livre de psaumes. Que lui ai-je donné pour équivalent ? Du tabac et *la parfaite syrène.* Pour cet exemplaire mutilé des complaintes d'Ecosse , il ne m'a fallu que boire deux ou trois douzaines de bouteilles de bonne ale , avec le dernier propriétaire qui me l'a légué dans son testament. Ces petits Elzevirs sont les trophées de maints voyages que j'ai faits de nuit et à la pointe du jour à Cowgate , Canongate , en un mot , dans tous les carrefours et les rues étroites où se trouvent les troqueurs , les frippiers , les bouquinistes et les receleurs des choses rares et curieuses. Combien de fois je me suis querellé pour un demi-sou pour qu'on ne connût pas la véritable valeur de l'ouvrage , et le prix que j'y attachais , ce qu'on aurait facilement deviné , si j'avais donné avec facilité le premier prix demandé ! Que de fois j'ai tremblé que quelque étranger ne vînt s'interposer entre moi et

ma capture ! Que de fois j'ai regardé le pauvre étudiant en théologie comme un amateur
rival ou un libraire déguisé ! et alors M. Lovel,
quelle douce satisfaction d'en payer promptement le prix convenu, de mettre le livre sous le
bras en affectant une froide indifférence tandis
que les mains tremblent de plaisir ! quelle
ivresse, lorsqu'on éblouit les yeux de rivaux
plus riches en leur montrant un trésor comme
celui-ci (feuilletant un petit livre comme un
livre d'heures, tout noir et crasseux à force
d'avoir servi) de jouir de leur surprise et de
leur envie en cachant sous un voile mystérieux, le sentiment de notre adresse et de notre intelligence supérieure. Ce sont, mon jeune
ami, ces momens de la vie, qui nous payent
de nos peines, des soins, de l'assiduité et de
l'examen approfondi que notre profession exige
plus que toutes les autres. Lovel ne s'était pas
peu amusé en entendant le vieux gentilhomme
parler de cette manière, et quoiqu'il ne fût
pas capable d'apprécier à leur valeur les objets qu'il lui montrait, il témoigna pour ces
trésors autant d'admiration que le désirait
Oldbuck. Là, c'était une édition estimée à cause
de son ancienneté ; ici, parce que c'était la
dernière et la plus soignée. Celle-ci, parce

qu'elle ne l'était point. Tel livre était estimé parce qu'il était in-folio, tel autre parce qu'il était in-12. Le prix de celui-ci n'était que dans son grand format, le mérite d'un autre était dans son extrême petitesse ; on appréciait davantage ceux-ci a cause de leur frontispice, et d'autres pour les vignettes qui se trouvaient à la dernière page. De cette manière il semblait qu'il n'y avait aucune distinction particulière quelque petite ou minutieuse quelle fût, qui ne donnât de la valeur au volume, pourvu qu'il fût rare.

Une collection qui n'étaient pas la moins précieuse et la moins originale, c'était une espèce de petits placards qu'on vendit pour un sou dans le temps et qui s'achèteraient maintenant au poids de l'or. L'antiquaire n'en parlait qu'a-avec transport; il n'en lisait qu'avec emphase les titres élaborés, qui avaient autant de rapport avec ce qui suivait, que les tableaux suspendus à la porte d'une ménagerie, ont avec les animaux qu'ils sont censés représenter. M. Oldbuck se vantait de posséder un exemplaire unique dans son genre, d'un de ces ouvrages, intitulé: « Étrange et merveilleuse nouvelle de Chip- « ping-Norton dans le comté d'Oxon; appa- « ritions certaines et effroyables qui furent vues

« dans l'air le 28 juillet 1670 , à neuf heures
« du matin , et qui continuèrent d'être aper-
« çues jusqu'à onze. Dans lequel temps on vit
« des épées flamboyantes, les astres s'ébranler,
« les étoiles briller d'un éclat extraordinaire.
« Toutes ces merveilles étaient suivies de la
« relation intéressante de l'ouverture des cieux
« et des circonstances prodigieuses qui n'a-
« vaient jamais paru dans aucun siècle , au
« grand étonnement de tous ceux qui y étaient
« présents , événement qui a été communiqué
« dans une lettre à M. Colley, demeurant
« dans le West-Smithfield , et attesté par
« Thomas Brown , Elisabeth Grenaway et
« Anne Gutheridge , qui furent témoins de
« cette effroyable apparition , et si quelqu'un
« veut avoir des renseignements plus positifs
« de la vérité de cette relation , il n'a qu'à
« s'adresser à M. Nightingale , à l'auberge de
« l'Ours à West-Smithfield qui pourra le sa-
« tisfaire. »

— Vous vous moquez de tout cela, dit le propriétaire de cette collection , vous êtes excusable. Je sais que les charmes dont nous sommes
épris n'ont point autant d'attraits pour vous ,
jeunes gens , que les yeux d'une belle dame ;
mais vous serez plus sage et vous en parlerez

avec plus de justice lorsque vous porterez des lunettes. Restez encore un moment, j'ai encore une autre pièce d'antiquité que vous apprécierez davantage.

En parlant ainsi, M. Oldbuck ouvrit un tiroir et prit un trousseau de clefs, et levant un morceau de tapisserie qui cachait la porte d'un cabinet fermé, il l'ouvrit, descendit quatre marches, et après avoir remue des bouteilles et des pots, il revint avec deux verres semblables à de petites cloches, pareils à ceux que l'on voit dans les tableaux de Teniers, une petite bouteille de ce qu'on appelle vin des Canaries et un morceau de gâteau sur un plateau d'argent, antique, mais d'un travail exquis.

—— Je ne vous dirai rien du plateau, dit l'antiquaire, quoiqu'on dise qu il a été fait par un vieux florentin, Benvenuto Cellini. Mais, M. Lovel, nos ancêtres trouvaient ce vin excellent. Vous qui aimez le théâtre, vous savez où en est la preuve. A vos succès à Fairport, monsieur !

—— A l'augmentation de votre trésor, monsieur, puisse-t-il ne vous coûter d'autre peine que celle qui a contribue à le rendre si riche.

Après une libation si bien d'accord avec

3.

l'amusement qui les avait occupés, Lovel se
leva pour prendre congé de M. Oldbuck,
mais celui-ci se disposa à l'accompagner pour
lui montrer un objet digne de curiosité sur le
chemin de Fairport.

CHAPITRE IV.

Nos deux amis traversèrent un petit verger
où de vieux pommiers, chargés de fruits,
montraient que les jours des moines ne s'é-
taient pas toujours passes dans l'indolence,
mais qu'ils avaient éte souvent consacrés a
l'agriculture et au jardinage. M. Oldbuck ne
manqua pas de faire remarquer à Lovel que
les cultivateurs de cette époque possédaient
le secret d'empêcher les racines des arbres
fruitiers de pivoter, et de les forcer à s'éten-
dre horisontalement, en plaçant une espèce
de pavé de cailloux sous les arbres qu'ils venaient de planter. — Ce vieux pommier, dit-
il, qui est tombé l'eté dernier, et qui est cependant couvert de fiuits, a été pourvu d'une
pareille barrière contre la mauvaise terre. Cet
autre arbre est historique ; son fruit s'appelle
la *pomme de l'abbé*; l'épouse d'un baron voisin

l'aimait tellement, qu'elle faisait de fréquentes visites à Monkbarns pour le cueillir elle-même. Son mari, qui était passablement jaloux, soupçonna qu'un goût si semblable à celui de notre mère Ève, présageait une chûte pareille. Comme cette histoire touche à l'honneur d'une noble maison, je ne vous en dirai pas davantage, si ce n'est que les terres de Lochard et de Cringlecut payent encore une amende de six épis d'avoine en réparation du crime de leur audacieux possesseur qui osa s'introduire dans la retraite de l'abbé et de sa pénitente. Admirez ce petit beffroi qui s'élève au-dessus de ce porche couvert de lierre. Là était un *hospitium*, *hospitale* ou *hospitamentum*, (car ce mot est écrit de ces trois manières différentes dans les vieux titres); les moines y recevaient les pèlerins. Voici la porte encore appelée *porte du pèlerin*. Mon jardinier y a trouvé plusieurs pierres taillées, en creusant la terre pour planter le celeri d'hiver ; j'en ai envoyé des echantillons à mes confrères des differentes sociétés d'agriculture dont je suis un membre indigne. Je ne vous en parlerai pas davantage pour le moment ; je me réserve quelque chose pour une autre visite, et nous avons devant nous un objet qui mérite notre attention.

Quand ils eurent traversé, une ou deux
belles prairies, une plaine ou pâturage com-
munal, ils atteignirent le sommet d'une jolie
éminence. —— Voilà, dit M. Oldbuck, une éminence véritablement remarquable.

—— Il domine une belle vue, dit Lovel, en
jetant les yeux autour de lui.

—— C'est la vérité, mais ce n'est pas pour
la vue que je vous ai amené ici. Ne voyez-vous
rien de bien remarquable, rien qui s'élève sur
la surface de la terre.

—— Attendez, il me semble voir une espèce
de fossé assez faiblement marqué !

-- Faiblement ! Pardon, monsieur, mais cette
faiblesse n'existe que dans votre vue. Rien n'est
tracé plus distinctement. Un véritable *agger* ou
vallum avec le fossé y correspondant. Faiblement ! ma nièce qui a une tête légère comme
toutes les femmes a reconnu aussitôt les traces
d'un fossé. Faiblement ! Peut-être que ceux
du grand camp d'Ardoch ou de celui de Burns-
wark dans l'Annandale, peuvent avoir des
traces plus profondes, parce que c'étaient des
camps où l'on séjournait, tandis que celui-
ci n'est qu'un simple campement. Faiblement !
réfléchissez que des paysans aussi ignorants
que des sauvages ont détruit deux côtés du

carré, et causé un grand dommage au troi-
siême en labourant la terre. Mais le quatrième
est encore en son entier ; ainsi que vous le
voyez fort bien.

Lovel voulut s'excuser, donner une tournure plus satisfaisante à sa phrase maladroite ;
il se retrancha sur son inexpérience. Mais la
première exclamation avait été trop franche
et trop naturelle pour ne pas alarmer M.
Oldbuck, qui en conserva encore une espèce
de ressentiment.

— Mon cher monsieur, dit l'antiquaire,
vos yeux sont trop jeunes, pour manquer
d'expérience, ils doivent donc facilement distinguer un fossé d'un terrain uni. Faiblement !
tandis que les plus jeunes enfants de nos paysans , ceux qui gardent les vaches , appellent
cet endroit le camp de Kimprunes. Cette tradition n'est-elle pas respectable ?

Lovel se soumit aux opinions de son vieil
ami, il abonda dans son sens et parvint à ras-
surer sa vanité alarmée. Oldbuck continua sa
digression. — Il faut vous dire que les plus
savants antiquaires de l'Ecosse sont encore di-
visés sur le lieu où se donna la dernière bataille entre Agricola et les Calédoniens. Les
uns le placent à Ardoch , dans le Strathallan,

les autres à Innerpeffrey , et dans bien d'autres endroits plus au nord ou plus au midi , sans avoir aucune notion positive du lieu où ce mémorable événement est arrivé. Eh bien , M. Lovel , que diriez-vous maintenant , continua le vieillard en regardant Lovel d'un air satisfait de lui-même, que diriez-vous , si cet endroit memorable était appelé le camp de Kimprunes , la propriété de l'obscur et modeste individu qui se trouve maintenant devant vous ?

Il fit en ce moment une pause, comme pour laisser à son jeune ami le temps d'apprécier une communication de cette importance. Puis élevant la voix avec l'assurance d'un homme intimement convaincu de ce qu'il avance. Oui , mon cher monsieur , je suis dans une grande erreur si cet endroit ne réunit point toutes les probabilités qui se rapportent à la place où se donna cette célèbre bataille. Elle fut livrée près des monts Grampiens. Voyez leurs cîmes à l'horison se confondant avec l'azur des cieux. C'était en vue de la flotte romaine ; et quel amiral romain ou breton choisirait une plus belle baie que celle qui s'étend à notre main droite. Il est étonnant que des rapports aussi frappants aient échappé aux plus savants

5g)

antiquaires. Mais notre aveuglement est quelquefois extraordinaire. Sir Robert Sibbald, Saunders Gordon, et le docteur Stukely n'en ont pas eu la moindre idée. Je me suis bien gardé de dire un mot de cette découverte jusqu'à ce que je me fusse assuré la propriéte de ce morceau de terre ; car il appartenait au vieux John Howie, un laird du voisinage qui me le fit payer cher , après maints pourparlers avant de tomber d'accord. Enfin je levai toute difficulté , et j'ai honte de l'avouer ; je lui donnai acre pour acre de mes meilleures terres à bled pour cette bruyère. Mais il s'agissait d'un titre national , et quand la scène d'un événement si celebre devint ma propriété, je fus plus que payé. Quel est l'homme, dont l'amour de la patrie ne serait pas embrasé au milieu de la plaine de Marathons. Je fis ouvrir la terre dans l'espoir d'y trouver quelque trésor d'antiquités, et le croiriez-vous, monsieur, le troisième jour , nous trouvâmes une pierre que je fis transporter a Monkbarns et que je veux faire modeler en plâtre de Paris. On y voit un vase destiné aux sacrifices et les lettres A. D. L. L. qui ne peuvent que signifier *Agricola Dicavit Libens Lubens.*

— Certainement, monsieur , car les Hol-

landais attribuent à Caligula la fondation
d'un phare , sans autre garantie que les lettres C. C. P. F. *Caius Caligula Pharum Fecit.*

— L'explication en est fort bonne. Allons ,
nous ferons quelque chose de vous , avant
que vous portiez des lunettes , quoique vous
n'ayez aperçu que faiblement les traces de
ce camp romain.

— Avec l'expérience et de bonnes leçons,
monsieur....

— Je n'en doute point. Je veux vous faire
lire la première fois que vous viendrez à
Monkbarns , mon petit livre de la Castramétation , avec quelques réflexions sur les vestiges d'anciennes fortifications romaines , dé-
couvertes par l'auteur au camp de Kimprunes. J'ai un moyen de reconnaître infaillible-
ment les véritables antiquités. Vous savez que
Claudien a dit :

Ille Caledoniis posuit qui castra pruinis.

Quoique par *pruinis* on entende des gêlées
blanches ; on pourrait bien traduire *Castra
pruinis posita* , par la position du camp Prui-
nes ou de Kimprunes. Mais je ne veux pas
faire valoir cette observation parce que des

critiques mal intentionnés pourraient faire descendre mon camp jusqu'au temps de Théodose, vers l'an 367. Ne voyez-vous pas, mon ami, la porte Decumane ? Et sans le ravage de la destructive charrue, n'apercevrions-nous pas là-bas la porte prétorienne ? Tenez, voici à gauche encore quelques vestiges de la *porta Sinistra* ; tandis qu'à droite nous appercevons presqu'en entier un des côtés de la *porta Dextra.* Plaçons-nous ici, sur ce *tumulus* , monceau de ruines, incontestablement, l'ancien *prætorium* du camp. Sur cette élévation, Agricola dût reconnaître l'armée ennemie, ordonner les mouvements de son infanterie et choisir le terrain favorable pour faire manœuvrer sa cavalerie et ses charriots. Oui, c'est de ce *prætorium* que....

Une voix sortant de derrière une haie interrompit cette description exaltée :

— Pretorion tant que vous voudrez, mais je me rappelle de l'avoir vu bâtir.

Tous deux se retournèrent à la fois. Lovel avec surprise et Oldbuck aussi indigné qu'étonné d'une interruption aussi incivile. Pendant que notre antiquaire était animé du feu de sa description, que Lovel y prêtait une attention polie, un nouvel auditeur etait arrivé auprès d'eux sans être vu ni entendu : il avait l'extérieur d'un mendiant. Un large chapeau qui lui couvrait les sourcils, une longue barbe blanche avec laquelle se mêlaient de longs cheveux gris. Des traits fortement prononcés, rendus plus expressifs et plus durs par l'intempérie des saisons, qui avaient donné à son teint la couleur de la brique ; un long manteau bleu avec une plaque d'étain sur le bras droit, deux ou trois bissacs jetés sur son épaule, et destinés à contenir les diverses aumônes en nature, qu'il recevait de la charité d'une classe un peu moins pauvre que lui. A ces marques distinctives d'un mendiant de profession, on reconnaissait encore un de ces individus de cette classe privilegiee, appelée en Ecosse mendians du roi *ou manteaux bleus.*

— Que dites-vous Edie ? dit Oldbuck, espérant peut-être que ses oreilles avaient mal fait leur devoir ; que disiez-vous tout-à-l'heure ?

— Je parlais du petit bâtiment qui était là, votre honneur, répondit l'indiscret Edie, je me souviens de l'avoir vu bâtir.

— Tu mens, vieux fou, il était là, bien avant ta naissance, comme il y sera encore après que tu auras été pendu.

— Pendu ou noye, mort ou vif, c'est

égal, je me souviens de l'avoir vu bâtir.

— Toi ! toi ! dit l'antiquaire, en bégayant moitié de colère et moitié de confusion. Miserable vagabond, comment diable peux-tu l'avoir vu ?

— Comment puis-je l'avoir vu, Monkbarns ! mais quel profit tirerais-je d'un mensonge ? Ce que je sais, c'est qu'il y a environ vingt ans, moi et quelques autres mendians avec les maçons qui avaient fait le fossé le long du sentier et deux ou trois bergers, nous nous mîmes à travailler, et nous construisîmes ce petit bâtiment dont vous voyez encore les fondements que vous appelez un pretorion, pour nous abriter pendant la nôce du vieux Aiken Drum. Nous y vidâmes gaîment plusieurs bouteilles pendant l'orage. Vous pouvez en acquérir la preuve de ce que je vous dis, en vous donnant la peine de fouiller, si vous ne l'avez pas déjà fait. Vous trouverez une pierre sur laquelle un des maçons grava une longue cuiller, avec ces lettres A. D. L. L., c'est-à-dire, Aiken Drum Lang Ladle, ou longue cuiller d'Aiken Drum, qui dans son temps était un gros mangeur de soupe du comté de Fife.

Lovel se hasarda à jeter un regard sur

notre antiquaire , mais il détourna aussitôt les
yeux ; car, ami lecteur, si jamais vous avez
vu une jeune fille de seize ans dont le roman
d'un véritable amour, a eu une fin préma-
turée par une fâcheuse découverte; ou un enfant de dix ans dont le château de cartes a été
renversé par la main d'un de ses compagnons
de jeux, je vous assure que Jonathan Oldbuck n'était en ce moment ni plus sage ni
moins déconcerté.

— Il y a quelque méprise dans tout ceci ,
dit-il, en tournant le dos au mendiant.

— Je ne crois pas qu'il y en ait de mon côté,
continua l'imperturbable mendiant. Je ne fais
jamais de méprises parce qu'elles portent malheur. Je m'aperçois que le jeune homme qui
est avec votre honneur , Monkbarns , ne fait
guère attention à un pauvre mendiant comme
moi ; je pourrais cependant lui dire où il était
hier au soir , à moins qu'il ne se soucie pas
qu'on en parle en compagnie.

Lovel tressaillit et tout son sang se porta à
son visage.

— Ne vous formalisez pas de ce que dit
ce vieux fou , dit M. Oldbuck, et ne pensez
pas que j'aie une plus mauvaise idée de vous à
cause de votre profession , elle est cependant

préjudiciable à ceux qui l'exercent ; car vous souvenez-vous de ce que dit Cicéron dans son discours *pro Archiâ poetâ* en parlant d'un de vos confrères : *Quis nostrûm tam animo agresti ac duro fuit , ut... ut... ut...* J'ai oublié le latin , mais le sens signifie : Qui de nous est assez grossier pour ne pas déplorer la mort du célèbre Roscius , dont l'âge avancé etait loin de nous préparer à sa perte ; car nous espérions qu'un homme si habile , si excellent dans son art devait être exempté du sort commun à tous les mortels. Voilà comme le prince des orateurs parlait du théâtre et de ceux qui embrassent cette profession.

Les paroles du vieillard frappèrent les oreilles de Lovel , mais sans éveiller aucune idée distincte dans son esprit, qui était occupé à deviner par quels moyens le vieux mendiant , qui continuait à le regarder avec une assurance impatientante , était parvenu à connaître ses affaires. Il mit la main dans sa poche pour en tirer les arguments les plus puissants pour obtenir le secret ; tandis qu'il lui faisait une aumône plus proportionnée à ses craintes qu'à sa charité , le mendiant comprit l'expression de sa physionomie , et lui dit : —— Ne vous inquiétez pas , monsieur , je ne suis pas ba-

vard ; mais je ne suis pas le seul dans le monde
qui aie des yeux. En parlant ainsi, il mit dans
sa poche l'aumône de Lovel, et le regarda
avec une expression qui en disait encore davantage. Puis se tournant vers Oldbuck : —
Je vais au presbytère, votre honneur. Votre
honneur a t-il quelque chose à y faire dire,
ou à sir Arthur, car je passerai par le château
de Knockwinnock.

Oldbuck parut sortir d'un rêve, il jeta dans
le chapeau d'Edie une pièce de monnaie, et
lui dit d'un ton brusque, qui cachait mal son
dépit : — Va à Monkbarns; fais-toi donner
quelque chose pour dîner ; ou attends, si tu
vas au presbytère ou à Knockwinnock, tu
auras soin de ne pas parler de cette histoire.

— Moi ? Que Dieu conserve votre honneur ;
ce n'est pas de moi qu'on saura si ces pierres
ne sont pas là depuis le déluge de Noë. Mais
l'on dit que vous avez changé avec Johnnie
Howie, acre pour acre de bon terrain contre
cette bruyère stérile ; s'il vous a donné ce tas
de pierres pour un reste d'antiquité, je pense
que le marche est nul, et que vous pouvez le
faire casser.

— Impudent coquin ! murmura l'antiquaire
entre ses dents, je ferai faire connaissance à

ton dos avec le fouet du bourreau ; puis il ajouta d'un ton plus haut : N'y pensons plus , Edie : tout ceci n'est qu'une erreur.

— Ma foi , je me l'imaginais , continua son persécuteur ; et il n'y a pas si long-temps que je disais à Luckie Gemmels : « Ne croyez pas , Luckie , que son honneur , Monckbarns , ait fait la folie de donner une terre qui vaut cinquante schellings l'acre, pour une lande qui ne vaut pas une livre d'Ecosse ? Non , non , soyez bien sûr que ce diable de Johnnie Howie en a imposé à son honneur. — Mais , me dit-elle , comment voulez-vous que son honneur qui est si savant , qu'on ne trouve pas son pareil dans tout le pays , se soit laissé duper par Johnnie Howie qui a tout au plus assez de capacité pour conduire les vaches hors de son étable ? — Bon , bon , lui répondis-je, il aura eté trompé par quelque histoire du vieux temps. » Car vous vous souvenez de ce bodle que vous preniez pour une ancienne monnaie.

— Va-t-en au diable , dit Oldbuck ; puis il ajouta du ton plus doux d'un homme qui sait que sa réputation est à la merci de son antagoniste ; va à Monkbarns , et lorsque je serai de retour , je t'enverrai une bouteille d'ale à la cuisine.

— Que Dieu vous récompense ! Ceci fut dit du ton d'un vrai mendiant ; et il prit le chemin de Monkbarns.

— Mais, dit-il en se retournant tout-à-coup, avez-vous rattrappé la pièce d'argent que vous donnâtes à ce colporteur pour ce bodle ?

— Maudit mendiant ! laissez-moi tranquille.

— Eh bien, je pars, que Dieu bénisse votre honneur ; j'espère vivre assez pour voir Johnnie Howie puni de son imposture. En parlant ainsi le vieux mendiant, s'éloigna, cessant de fatiguer M. Oldbuck de souvenirs qui n'étaient rien moins qu'agréables.

— Quel est ce vieillard si familier ? demanda Lovel, lorsque le mendiant fut un peu loin.

— C'est une des plaies du pays ; j'ai toujours désapprouvé la taxe des pauvres et les maisons de charité ; mais je crois que je voterais maintenant pour leur établissement, ne fût-ce que pour y faire enfermer ce vagabond. Dès que vous lui avez une fois accordé le gîte, il devient aussi familier avec vous qu'avec son écuelle ; il s'attache à vous comme un chien. Ce qu'il est ? il a été un peu tout, soldat,

chanteur

chanteur ambulant , colporteur , et maintenant il est mendiant. Il a été gâté par notre
noblesse qui rit de ses plaisanteries , et qui cite
les bons mots d'Edie Ochiltree comme ceux de
Joe Miller.

— Il paraît parler avec cette liberté qui
rend les plaisanteries plus piquantes.

— Oui , il est assez libre ; il invente ordinairement quelque conte absurde , pour vous
impatienter , comme celui qu'il vient de nous
debiter. Cependant je ne publierai pas mon
traité avant d'avoir examiné la chose à fond.

— En Angleterre , dit Lovel , un tel mendiant serait bientôt puni.

— Oui, vos marguillers et vos bedeaux ne
trouveraient pas beaucoup de sel à ses bons
mots; mais ici, c'est une espèce de fléau privi-
légié , un des derniers échantillons de l'ancien
mendiant écossais , qui faisait sa ronde dans
son district particulier , et était à la fois le
nouvelliste, le menestrel , et quelquefois l'historien de la paroisse. Ce fripon sait plus de
ballades et de traditions que personne dans
ce canton et les quatre paroisses voisines. Et
après tout, continua-t-il en adoucissant sa
voix à mesure qu'il faisait l'énumération des
talents d'Edie , ce drôle ne manque pas de

bonne humeur. Il a supporté avec fermeté sa mauvaise fortune, et il serait cruel de le priver de la consolation de rire de ceux qui sont plus heureux que lui. Le plaisir de s'être moqué de moi va lui tenir lieu de boire et de manger pendant deux jours.

En parlant ainsi, nos deux héros se séparèrent, M. Oldbuck pour retourner à son *hospitium*, et Lovel pour continuer sa route jusqu'a Fairport où il arriva sans autre aventure.

CHAPITRE V.

LE théâtre de Fairport s'ouvrit, et aucun M. Lovel ne parut sur la scène; et il n'y avait rien dans la conduite et dans les manières du jeune homme de ce nom, qui autorisât M. Oldbuck à conjecturer que son compagnon de voyage eût dessein de prétendre aux applaudissements du public. L'antiquaire questionnait régulièrement à ce sujet un vieux barbier, qui, malgré les taxes sur la poudre à poudrer, et la dureté des temps, était chargé du soin des trois seules perruques qui subsistaient encore dans la paroisse. M. Oldbuck lui de-

mandait régulièrement des nouvelles du petit
théâtre de Fairport, s'attendant chaque jour
à apprendre le debut de M. Lovel, auquel il
se proposait non seulement d'assister, mais
de conduire toute sa famille. Cependant le
vieux Jacob Caxon ne lui apportait jamais
aucune nouvelle qui pût le decider à une démarche aussi importante que celle de louer
une loge.

Il lui apprit au contraire, qu'il y avait à
Fairport un jeune homme, dont la *ville* ne
savait que faire, (il appelait ainsi toutes les
commères qui n'ayant aucune occupation,
cherchaient à employer leurs moments aux
dépens des autres.). Loin de rechercher la
société, il semblait même éviter les invitations
qu'on lui faisait, soit par curiosité, soit à
cause de son air doux et aimable. Rien de
plus régulier que sa conduite, rien qui sentît
moins l'aventurier ; elle était si simple, mais
si bien réglée, que tous ceux qui avaient eu
quelques rapports avec lui ne tarissaient pas
sur son éloge.

— Ce ne sont pas là les vertus d'un héros
de théâtre, pensa Odbuck et quelque opi-
niâtre qu'il fût ordinairement dans ses opinions, il aurait été forcé d'abandonner les

conjectures qu'il avait formées, si le vieux
Caxon n'eut ajouté qu'on entendait quelquefois ce jeune homme se parler à lui-même, et
déclamer tout haut comme un comedien.

Cette circonstance était la seule qui parût
confirmer la supposition de M. Oldbuck, et il
lui restait à deviner pour quels motifs un jeune
homme bien élevé pouvait demeurer à Fairport où il n'avait ni parents ni amis, ni em-
ploi quelconque. Ni le vin ni les cartes ne paraissaient avoir de charmes pour lui. Il avait
refusé d'assister à un repas des officiers de la
cohorte volontaire qui venait de se former,
et il s'abstenait de paraître aux fêtes que donnaient les deux partis qui divisaient alors Fairport de même que des villes plus importantes.
Il était trop peu aristocrate pour se joindre au
club des Vrais Bleus Royaux, et trop peu
démocrate pour fraterniser avec une société
de soi-disant Amis du Peuple, que la ville
avait aussi le bonheur de posseder. Il ne mettait jamais les pieds dans un café et déjeunait
seul dans sa chambre. En un mot, on n'avait
jamais vu un M. Lovel, depuis que ce nom
est à la mode dans les romans, dont on ne
pût parler positivement, et qu'on ne pût dé-
peindre que par des qualités négatives.

Parmi ces qualités négatives, il y en avait
cependant une importante, c'est que rien dans
sa conduite ne donnait prise à la médisance.
S'il avait eu quelque defaut, il n'aurait pas
demeuré long-temps caché, car chacun aurait
déchiré sans pitié un être si peu sociable. Une
seule circonstance excita pourtant les soupçons. Comme dans ses promenades solitaires,
il s'amusait à dessiner, et qu'il avait exquissé
plusieurs vues du pays, dans lesquelles il
avait fait entrer la tour des signaux et même
la batterie de quatre canons, quelques patrio-
tes zélés firent courir le bruit que ce mystérieux étranger était certainement un espion
français. Le shériff fit à ce sujet une visite à
M. Lovel, mais le résultat parut être d'écarter
entièrement les soupçons du magistrat, puisque non seulement il respecta sa solitude, mais
il l'invita deux fois à dîner, ce que l'étranger
refusa poliment. Cependant le shériff garda un
profond secret sur l'explication qu'ils avaient
eue, et n'en fit pas même part à son conseil
privé, qui était composé de son substitut, de
son clerc, de sa femme et de ses deux filles.

Toutes ces particularités ayant été fidèle-
ment rapportées par M. Caxon à son patron
de Monkbarns, elles ne servirent qu'à aug-

4.

menter l'estime de l'antiquaire pour son compagnon de voyage. — C'est un jeune homme plein de bon sens . pensa-t-il , qui méprise les sottises des imbéciles habitants de Fairport. Il faut que je fasse quelque chose pour lui , je vais l'inviter à dîner , et écrire à sir Arthur de venir nous tenir compagnie. Mais il faut auparavant que je consulte mes femmes.

Après cette consultation , un messager , qui n'était autre que Caxon , reçut ordre de se préparer à partir pour porter une lettre. « A l'honorable sir Arthur Wardour de Knockwinnock , baronnet : » En voici le contenu.

« Mon cher sir Arthur ,

« Lundi 17 du courant, *stilo novo*, je donne un repas de cœnobite a Monkbarns , et je vous prie d'y assister , à quatre heures précises. Si ma belle ennemie , miss Isabelle , a le loisir et la volonté de vous y accomp·guer , mes femmes seront fières d'avoir un tel auxiliaire pour les soutenir dans leur résistance à notre suprématie légitime , sinon , j'enverrai mes femmes passer la journée au presbytère. Je veux vous faire faire connaissance avec un jeune homme de mes amis , qui possède un esprit peu commun dans ce maudit siècle , qui respecte ses anciens , et a quelque teinture des auteurs

classiques ; et comme ce jeune homme méprise naturellement un peuple tel que celui de
Fairport, je désire l'introduire dans une société plus raisonnable et plus respectable. Je
suis, cher sir Arthur, etc. etc. etc. »

— Pars avec cette lettre, Caxon; dit le
vieillard en tenant sa missive, *signatum atque
sigillatum* ; cours à Knockwinnock, et rap-
porte-moi une réponse. Cours aussi vîte que
si le conseil de ville était rassemblé, et qu'il
attendît le prévôt, et que le prévôt attendît sa
perruque.

— Ah ! monsieur, répondit le messager
avec un profond soupir, ces jours sont passes
depuis long-temps. Aucun prévôt de Fairport
n'a porté perruque depuis le prévôt Jervie,
qui encore avait une servante qui la lui pom-
madait avec de la chandelle et la poudrait avec
de la farine. Mais j'ai vu le temps, Monkbarns, où les membres du conseil de ville ne
se seraient pas plus passé d'une perruque bien
peignée, que de leur secrétaire ou de leur
verre d'eau-de-vie après dîner. Ah ! monsieur,
il n'est pas étonnant que les communes se re-
voltent contre la loi, lorsqu'elles voient les
magistrats, les baillis, les diacres et le prévôt
lui même, avec des têtes aussi nues que mes
têtes à perruques,

— Et aussi bien remplies de cervelles, Caxon ; mais pars ; tu raisonnes fort bien sur les affaires publiques , et j'ose dire que tu as mis le doigt sur la cause du mécontentement du peuple , aussi bien que le prévôt lui-même aurait pu le faire. Allons , hâte-toi.

Caxon se mit en route. Pendant qu'il va et qu'il revient, il est à propos de faire connaître au lecteur , le personnage à qui il porte son message.

Nous avons dit qu'Oldbuck ne fréquentait guère les gentilshommes du voisinage, à l'exception d'une seule personne qui était sir Arthur Wardour, baronnet issu d'une ancienne famille, et possédant une grande fortune, mais embarrassée. Son père, sir Anthony avait été un zélé partisan du roi Jacques , et avait montré le plus grand enthousiasme pour sa cause , tant qu'il avait fallu la servir par des démonstrations oratoires. Personne ne pressait une orange avec un geste aussi méprisant et aussi significatif , et cela en haine de la maison d'Orange ; personne ne faisait plus adroitement et sans se compromettre , une action politique encou- rant la peine capitale , comme de proposer la santé des Stuarts , ni ne buvait au succès de leur parti à plus longs traits. Mais lorsque

en 1745, les montagnards se soulevèrent pour
retablir le roi Jacques sur son trône, on vit
le zèle du baronnet se refroidir à mesure que
le feu de l'insurrection s'échauffait davantage.
Il est vrai qu'il parlait beaucoup de prendre
les armes pour les droits des Stuarts et de
l'Ecosse ; mais ses harnais de bataille ne pouvaient aller qu'à un seul de ses chevaux, et ce
cheval n'était pas habitué au feu. Peut-être ses
propres pensées sympathisaient-elles avec celles du pacifique animal, et commençait-il à
croire que ce qui n'était pas convenable au
cheval, ne convenait point au cavalier. Quoiqu'il en soit, pendant que sir Anthony buvait, parlait et hésitait, le courageux prévôt
de Fairport (qui comme nous l'avons dit était
le père de notre antiquaire), sortit de cette
ville à la tête d'une troupe de bourgeois whigs,
et se saisit à la fois au nom de Georges II, du
château de Knockwinnock, de quatre chevaux de carrosse et de la personne du propriétaire ; ensuite, et d'après un arrêt de la se-
crétairerie d'état, il fut conduit à la tour de
Londres, où son fils Arthur encore fort jeune
l'y suivit. Mais comme ils n'avaient commis aucun acte ostensible de trahison, le père et le
fils furent rendus à la liberté, et retournèrent

à leur château de Knockwinnock, pour boire
à la sante du Prétendant, et dire qu'ils avaient
souffert pour la cause royale. Sir Arthur s'ha-
bitua tellement à se conduire selon ses idées
jacobites, que même après la mort de son
père, son chapelain non-conformiste priait
régulièrement pour la restauration du souverain légitime, pour la chûte de l'usurpateur
et pour la destruction de leurs sanguinaires et
cruels ennemis, quoique toute pensée de ré-
volte contre la maison de Hanovre fût éva-
nouie depuis long-temps. Cette liturgie re-
belle était conservée plutôt comme matière
de forme que par intention hostile ; tellement
qu'en 1770, lors d'une élection contestée dans
le comté, le digne chevalier fut obligé de faire
abjuration, et pour pouvoir voter en faveur
d'un candidat auquel il s'interessait, il jura
fidélité et obéissance à celui dont il deman-
dait journellement au ciel l'expulsion du
trône, renonçant ainsi au Prétendant pour
lequel il ne cessait de prier. Sir Arthur continua cependant à invoquer le ciel pour la
maison de Stuart, même après son extinc-
tion ; cependant il se conduisait toujours comme fidèle sujet de Georges III.

Sous les autres rapports, sir Arthur vivait

comme presque tous les gentilshommes cam-
gnards de l'Ecosse ; chassant , pêchant , donnant et recevant des dîners et assistant aux
courses des chevaux ; il était député-lieutenant
et vérificateur des routes. En vieillissant , il
devint trop lourd et trop pesant pour courir
les champs ; il se dédommagea de la privation
des plaisirs de la jeunesse en lisant l'histoire
d'Ecosse , et ayant pris du goût pour les antiquités , quoiqu'il n'eût pas sur ce sujet des
idées bien nettes et bien correctes , il devint le
confrère de son voisin M. Oldbuck de Monk-
bains, et partagea ses savans travaux.

Il y avait néanmoins entre nos deux antiquaires quelques points sur lesquels ils n'étaient pas
d'accord , et qui occasionnaient parfois quelques divisions entr'eux. La foi de sir Arthur
était sans bornes ; et M. Oldbuck (sans parler
de l'affaire du *Pretorium* et du Kaim de Kimprunes) était plus scrupuleux, surtout dans
le choix des medailles qui devaient être frap-
pées au bon coin. Sir Arthur se serait cru
coupable du crime de lèze-majesté , s'il avait
douté de l'existence des cent quatre rois d'E-
cosse , reconnus par Boethius et rendus classiques par Buchanan ,auquel Jacques VI prétendait faire remonter le droit de gouverner

ner son ancien royaume , et dont les portraits
se trouvent encore sur les murailles de la ga-
lerie d'Holyrood. Oldbuck , homme difficile
et soupçonneux , et qui ne respectait pas trop
le droit divin héréditaire , plaisantait quelquefois sur cette longue liste , et prétendait que
tous les descendants de Fergus , dans les pages
de l'histoire , n'avaient aucun fondement

Un autre sujet de dispute , était la reputa-
tion de la reine Marie , de laquelle sir Arthur
se déclarait le défenseur chevaleresque , tandis
qu'Oldbuck s'en montrait l'antagoniste malgré
sa beauté et ses infortunes. Mais quand malheureusement ils arrivaient à des époques plus
récentes , ils rencontraient à chaque page de
nouveaux motifs de discussion. Oldbuck était
un rigide presbytérien , zélé partisan de la ré-
volution qui avait élevé la dynastie protestante,
tandis que sir Arthur professait des opinions
contraires. Ils étaient cependant d'accord sur
l'attachement qu'ils portaient l'un et l'autre au
souverain qui occupait actuellement le trône.
Il arrivait souvent que dans leurs disputes historiques , Oldbuck ne pouvait réprimer son
humeur caustique, ce qui déplaisait fort au
baronnet , vu la distance immense qui existait
entre lui et le descendant d'un imprimeur
allemand

allemand qui était venu s'affilier avec de petits bourgeois , qui s'oubliait jusqu'à entrer en discussion avec un antagoniste d'un rang et d'une noblesse si supérieurs à lui. Ajoutez à cela l'injure que le père de notre antiquaire avait faite à sir Anthony, en lui enlevant son château, ses chevaux de carosse et sa propre personne , et vous verrez si son ame ne devait pas être aussi enflammée de colère que ses yeux et ses arguments. Enfin, M. Oldbuck , pensant que son ami n'était pas doué d'une grande dose de sagesse et de raison , était quequefois porté à lui faire entrevoir cette mauvaise opinion, d'une manière plus claire que ne le permettrait la politesse moderne. En pareil cas , ils se séparaient fort aigris l'un contre l'autre en formant la résolution de ne plus se voir à l'avenir. Mais le besoin qu'ils avaient de leur société mutuelle les reconciliait bientôt. Il arriva cependant une ou deux fois que l'orgueil aristocratique du chevalier qui s'appuyait sur une longue suite d'ayeux , prit un essor trop offensant pour le caractère susceptible du descendant de l'imprimeur germanique , et il aurait été alors difficile de mettre un terme au ressentiment de nos deux originaux, sans la douce intervention de miss Isabelle Wardour , fille

du baronnet qui avec un fils, qui servait à l'é-
tranger, formait toute sa famille. Elle savait
combien la société de M. Oldbuck était néces-
saire à son père pour le distraire et l'amuser,
et sa médiation manquait rarement de réussir
quand les sarcasmes de l'un et le ton de supériorité de l'autre, réclamaient la bénigne influence de cet astre bienfaisant. Elle savait faire
pardonner à son père les outrages faits à la
reine Marie et à M. Oldbuck, les invectives
contre la mémoire du roi Guillaume; néanmoins comme elle se déclarait en riant du parti
de son père, M. Oldbuck avait coutume de
l'appeler sa belle ennemie, quoique dans le
fait, il s'intéressât plus à elle qu'à aucune autre personne de son sexe pour lequel il ne
montrait pas beaucoup d'admiration.

Il existait entre ces deux dignes personnages,
une autre circonstance qui exerçait sur leur in-
timité une influence moitié attractive, moitié
répulsive. Sir Arthur aurait toujours voulu
emprunter, M. Oldbuck ne refusait pas de
prêter; mais il voulait qu'on fût exact à rendre au terme convenu, ce que M. Arthur ne
fesait pas avec régularité. Entre des sentiments
si opposés, de petites altercations trouvaient
toujours une place. Cependant il régnait un

esprit mutuel de condescendance , et ils étaient
comme deux dogues attelés à la même char-
rette , qui se grognent quelquefois , mais qui
ne se mordent jamais.

En ce moment, une de ces petites rancunes
divisaient les deux maisons de Knockwinnock
et de Monkbarns , quand le courrier qui portait la lettre se présenta au château de sir Arthur. Le Baronnet était assis dans un salon
gothique dont les fenêtres donnaient d'un côté
sur l'océan et de l'autre sur l'avenue , tournant les feuillets d'un épais in-folio , comme
une personne que l'ennui accable , et jetant
quelquefois un regard sur les tilleuls qui bor-
daient l'avenue , et dont le soleil pouvait à
peine pénétrer l'épais feuillage. Enfin , ô bonheur ! il voit s'agiter à travers les feuilles un
objet animé; il s'écria comme il avait coutume
en pareil cas de le faire : qui est cet homme ?
que me veut-il ? La vieille redingotte grise ,
le chapeau couvert de poudre et surtout la
démarche du messager , répondirent à la première question et annoncèrent le barbier boî-
teux. Mais un domestique qui entendit la seconde lui répondit ainsi :

— Une lettre de Monkbarns , sir Arthur.

Sir Arthur prit la lettre avec un air de dignité et d'importance.

— Faites entrer ce vieillard dans la cuisine, et faites le rafraîchir, dit la jeune miss qui avait jeté un regard de compassion sur ses cheveux gris et sur sa démarche fatiguée.

— M. Oldbuck, mon enfant, nous invite à dîner pour le mardi 17, dit le baronnet; et après une pause, il ajouta : Il semble qu'il paraît avoir oublié qu'il ne s'est pas conduit envers moi avec la politesse qui m'est due.

— Vous avez de si grands avantages sur le pauvre M. Oldbuck, qu'il n'est pas extraordinaire qu'il en prenne quelque humeur; mais je sais qu'il a beaucoup de respect pour votre personne, que votre conversation lui est très-agréable, et qu'il aurait de la peine à manquer aux égards que vous méritez.

— C'est la vérité, c'est la vérité, Isabelle; il faut lui pardonner à cause de son origine, quelque chose de germain coule encore dans son sang, il a sucé avec le lait les principes d'une opposition perverse contre le rang et les privilèges. Vous pourrez observer que dans la discussion, il n'a jamais l'avantage sur moi à moins qu'il ne s'agisse de dates, de noms, d'événements, objets frivoles qu'il ne doit qu'à sa mémoire, faculté que lui ont transmise ses ancêtres imprimeurs.

— Je pense, mon père, que cette faculté est très-utile dans les recherches historiques.

— Elle conduit à une manière de discuter tranchante et incivile. Il n'y a rien de plus déraisonnable que d'entendre attaquer la rare traduction d'Hector Boece de Bellenden, dont j'ai le bonheur de posséder un in-folio en lettres noires, et cela, sur la foi d'un vieux morceau de parchemin qu'il a sauvé du ciseau d'un tailleur lorsqu'il allait en faire un mesure. Et puis cette exactitude minutieuse et fatigante semble mercantile, et n'est pas digne d'une famille qui compte deux ou trois générations. Je parierais qu'il n'y a pas dans tout Fairport, un clerc de notaire qui fasse mieux un compte d'intérêts que Monkbarns.

— Mais vous acceptez son invitation, mon père ?

— Eh... oui... A moins que nous n'ayons d'autres invitations. Mais quel est ce jeune homme dont il parle ?

— C'est probablement un de ses parents ; peut-être le fils de sa sœur, le capitaine Mac-Intyre.

— C'est possible. Eh bien ! nous accepterons. Les Mac-Intyre sont d'une famille montagnarde très-ancienne. Répondez-lui, Isabelle, que nous irons , je pense que je ne puis moi-même lui dire encore : cher monsieur.

Cette affaire étant ainsi arrangée, miss Wardour écrivit à M. Oldbuck , qu'elle lui présentait ainsi que sir Arthur ses complimens, qu'ils acceptaient son invitation , et qu'elle en particulier saisissait l'occasion de renouveler ses hostilités contre M. Oldbuck , à cause de sa longue absence de Knockwinnock , où sa présence causait toujours un nouveau plaisir.

Ayant ainsi terminé sa missive, elle la donna à Caxon , qui s'étant bien rafraîchi , reprit le chemin de la maison de notre antiquaire.

CHAPITRE VI.

Notre jeune ami Lovel qui avait aussi reçu une invitation , arriva à Monkbarns , le 17 juillet , cinq minutes avant quatre heures , il avait fait une chaleur excessive ; de grosses gouttes de pluie tombaient de temps en temps, mais l'orage dont on avait été menacé avait éclaté plus loin.

M. Oldbuck le reçut à la porte du Pèlerin, en habit complet de drap brun , en bas de soie gris et en perruque bien poudrée où brillait toute la science du vétéran Caxon, qui ayant senti le dîner, avait eu soin de ne terminer son ouvrage que peu d'instants avant qu'on le servît, afin de faire une petite halte à la cuisine.

— Soyez le bien venu à mon *symposion*, M. Lovel, et maintenant permettez que je vous présente à mes fainéantes de l'espèce femelle, comme les appelle Tom Otter, et qui ne sont bonnes à rien, *malœ bestiœ*, M. Lovel.

— Je serais bien trompé, monsieur, si je les trouvais dignes de pareilles épithètes.

— Trêve dé politesse, M. Lovel, vous trouverez en elles, de vrais échantillons de cette maudite espèce, les voici : jugez-en. Je vous présente, premièrement, ma très-discrète sœur Griselda qui dédaigne la simplicité et la patience, attachée au pauvre vieux nom Grizzel, et puis, ma très-exquise nièce Maria, dont la mère s'appelait Marie et quelquefois Molly.

La vieille dame avait une robe de satin, et portait sur sa tête une coiffure élevée et pareille à celle que l'on voit dans le *memorandum des dames pour l'année* 1770. C'était un morceau d'architecture qui ressemblait à un château gothique dont les crochets représentaient

des tours, les épingles noires des canons, et
les rubans les bannières. Sa figure pareille à
une des anciennes statues de la déesse Vesta,
et comme elle couronnée de tours, était aussi
large que longue, on y voyait deux éminences
remarquables formées par le nez et le menton ; sous tous les autres rapports, elle avait
une ressemblance si frappante avec son frère
Jonathan Oldbuck, que si le frère et la sœur
n'avaient été présens, Lovel aurait cru que
c'était son vieil ami déguisé en femme.

Une antique robe de soie, ornée de grandes
broderies, de guirlandes de fleurs embellissait
cette personne extraordinaire, à laquelle son
frère disait souvent que cette robe convien-
drait mieux à Mahomet ou à Termagan qu'à
une créature raisonnable et à une chrétienne.
Deux longs bras décharnés, terminés aux cou-
des par une triple dentelle, étaient décorés
d'un paire de gants longs et de couleur ver-
millon, ce qui les fesaient ressembler à de
gigantesques homard. De hauts souliers à ta-
lons et un mantelet de soie, jeté négligemment
sur ses épaules, complétaient l'habillement
de miss Griselda Oldbuck.

Sa nièce, la même personne que Lovel
avait aperçue un instant pendant sa premiere

visite , était jeune et jolie , mise suivant la mode
du jour. Elle avait un air d'espiéglerie qui lui
allait fort bien , qui dérivait peut-être de l'humeur caustique de la famille de son oncle ,
mais qui en elle était adouci par une physionomie intéressante.

Lovel présenta ses regrets aux deux dames ;
la plus vieille lui rendit son salut par la longue
et cérémonieuse révérence de 1760 , époque
édifiante où le benedicite durait près d'une
heure , et la jeune par une légère inclination ,
une révérence aussi courte que le benedicite
d'un chapelain de nos jours.

Pendant cet échange de salutations , sir Arthur après avoir renvoyé sa voiture , se présenta à la porte du jardin avec sa charmante
fille appuyée sur son bras , il offrit ses hom-
mages aux dames avec beaucoup de politesse.

— Sir Arthur , dit l'antiquaire , et vous ,
ma belle ennemie , permettez-moi de vous
présenter mon jeune ami , qui pendant la
fièvre écarlate qui est en ce moment épidémi-
que dans notre île , a eu le courage de prendre un habit d'une couleur décente ; mais si
la couleur militaire à la mode, ne se montre
pas sur ses vêtemens , vous voyez qu'elle paraît avec un plus vif éclat sur ses joues. Sir

Arthur, je vous le présente comme un jeune homme que votre profond savoir vous fera reconnaître comme grave, sage, poli, très-instruit, observateur judicieux, lecteur profond, et qui est parfaitement instruit de tous les mystères du théâtre depuis David Lindsay jusqu'à Dibdin (1). Allons, le voilà qui rougit encore ; c'est un bon signe de grâce.

— Mon frère, dit miss Griselda en s'adressant à Lovel, a une manière bizarre de s'exprimer ; on ne s'arrête pas aux paroles de Monkbarns, ainsi je vous prie de ne pas vous formaliser de ce qu'il vient de dire. Vous devez avoir eu bien chaud sur la route avec ce soleil brûlant. Voulez-vous vous rafraîchir ; prenez un verre de vin balsamique.

Avant que Lovel pût répondre, l'antiquaire s'écria : — Retire-toi ! veux-tu empoisonner mes hôtes avec tes décoctions infernales ? Ne te souviens-tu pas de ce qui arriva à cet ecclésiastique à qui tu persuadas de boire de ce breuvage trompeur ?

— Fi donc, mon frère ! sir Arthur, avez-vous jamais entendu pareille chose ? il se plaît à inventer des contes absurdes... Mais voilà

(1) Auteurs dramatiques anglais.

Jenny qui va sonner la vieille cloche pour nous avertir que le dîner est servi.

Sévère dans son économie , M. Oldbuck ne tenait pas de domestique mâle. Il s'excusait sur ce que le sexe masculin était trop noble pour être employé à des actes de servitude , qui de tout temps avaient été imposés aux femmes. — Pourquoi , dit-il , le petit Tom Rintherout , qu'a l'instigation de ma prudente sœur , moi , aussi sage qu'elle , j'avais pris à l'essai , pourquoi mangeait-il les pommes , dé_nichait-il les oiseaux, cassait-il mes vîtres , et finit-il par me voler mes lunettes ? c'est qu'il sentait cette noble émulation qui brûle dans le cœur des hommes , et qui le conduisit en Flandres avec un mousquet sur l'épaule , pour y gagner une glorieuse hallebarde , ou peut-être le gibet. Et pourquoi cette fille , qui est sa bonne sœur , Jenny Rintherout , remplit-elle sans bruit le même office , aussi souple qu'un chat , aussi docile qu'un épagneul ? c'est qu'elle est dans sa vocation. Laissons-les donc nous servir , sir Arthur , c'est la seule chose où elles réussissent. Tous les anciens législateurs depuis Lycurgue jusqu'à Mahommed , par corruption Mahomet , s'accordent à les mettre à la place inférieure qui leur convient , et

ce ne sont que les idées folles et chevaleres-
ques de nos ancêtres , qui ont fait de leurs
Dulcinées des princesses despotiques.

Miss Wardour protesta hautement contre
cette doctrine peu galante ; mais la cloche du
dîner sonna de nouveau.

— Permettez-moi , ma belle ennemie , dit
l'antiquaire en lui offrant son bras , de remplir tous les devoirs de la politesse. Je me souviens, miss Wardour , que Mahommed (vul-
gairement Mahomet) fut embarrassé sur le
mode d'appeler ses sectateurs à la prière. Il
rejeta les cloches comme en usage chez les
chrétiens , les trompettes parce que c'étaient
les signaux des Guebres ; il adopta enfin la
voix humaine. J'ai aussi hésité sur la manière
d'annoncer le dîner. J'ai rejeté la voix femelle
comme aigre et dissonante ; et je me suis ar-
rêté à la cloche , malgré l'opinion de Mahommed ou Mahomet. Elle a d'ailleurs une con-
venance locale , puisque c'était elle qui appelait
les moines au réfectoire ; elle a ensuite cet
avantage sur la voix de Jenny , qu'elle se tait
lorsqu'on lâche la corde ; tandis que je sais
par expérience que tous mes efforts pour faire
taire Jenny ne servent qu'à faire parler miss
Oldbuck et Mac-Intyre.

En parlant ainsi , il introduisit la compagnie dans la salle à manger , que Lovel n'avait pas encore vue ; elle était lambrissée et ornée de peintures curieuses. La table était servie par Jenny ; mais une vieille surintendante , une espèce de sommelier femelle , ne semblait être au buffet que pour endurer les reproches de M. Oldbuck et les remarques , moins directes , mais non moins piquantes de sa sœur.

Le dîner convenait à la table d'un antiquaire de profession , et on y voyait figurer plusieurs mets bannis des repas de ceux qui se piquent d'élégance. La délicieuse oie de Solan , dont le fumet est si fort qu'on ne la fait cuire qu'en plein air , y dominait ; mais par malheur , elle n'était pas à moitié cuite, et Oldbuck pensa jeter l'oiseau de mer à la tête de la négligente cuisinière. Mais heureusement le *hotch potch* (soupe écossaise) était excellent. —— J'espérais bien qu'il en serait ainsi , dit Oldbuck , car Davie Dibble , mon jardinier , vieux garçon comme moi , a soin que ces maudites femmes ne touchent pas à ses herbes potagères. —— Voici une bonne sauce et un bon poisson , j'avoue que nos femmes y excellent. Ce plat-ci, M. Lovel , est fait d'après une recette que m'a laissé ma grand'mère d'heureuse mémoire.

Si vous voulez accepter ce verre de vin, vous le trouverez digne d'un homme qui professe la maxime du roi Alphonse de Castille : Du vieux bois pour brûler, de vieux livres à lire, du vin vieux à boire, et de vieux amis, sir Arthur. — Oui, M. Lovel, et de jeunes aussi, pour s'entretenir.

Lorsque le dîner fut terminé, M. Oldbuck proposa la santé du roi, que portèrent volontiers Lovel et le baronnet, dont le jacobitisme n'était plus qu'une opinion spéculative, l'ombre d'une ombre.

— Quelles nouvelles d'Edimbourg, Monkbarns ? dit sir Arthur ; comment y va le monde ?

— Il est devenu fou, complètement fou. La pire espèce de frénésie, la frénésie de la guerre s'est emparée des hommes, des femmes et des enfants.

— Il en était temps, je crois, dit miss Wardour, lorsque nous sommes menacés d'une invasion au-dehors, et d'une insurrection au-dedans.

— Je ne doutais pas que vous ne vous joindriez contre moi à la bande écarlate ; les femmes, comme les poules d'Inde, sont folles d'une crête rouge. Mais que dit sir Arthur, qui ne rêve qu'insurrection ?

—— Je dis, M. Oldbuck, autant que j'en puis juger, qu'il faut résister *cum toto corpore regni*, à un ennemi qui vient nous proposer une espèce de gouvernement whig, un système républicain, et qui est soutenu par les fanatiques les plus entêtés du pays. J'ai déjà pris quelques mesures à ce sujet ; car j'ai ordonné aux constables de s'emparer du vieux mendiant, Edie Ochiltree, qui cherche à faire des ennemis à l'église et à l'état dans la paroisse. Il a dit à Caxon, qu'il y avait plus de bon sens sous le bonnet de Willie Howie que sous les trois perruques du canton ; j'espère que ceci est clair ; mais nous saurons lui apprendre à vivre.

—— Oh ! non, mon père, dit miss Wardour, ne faites pas de mal au vieux Edie, que nous connaissons depuis si long-temps. Je vous assure que le constable qui exécutera cet ordre n'aura pas mes bonnes graces.

——Comment donc, dit l'antiquaire ; un tory comme vous, sir Arthur, avez donné le jour à un wigh de cette espèce. Miss Wardour seule suffit pour tenir tête à une assemblée de trimestre, que dis-je ? à une assemblée générale, c'est une Boadicée, une Amazone, une Zénobie.

— Et cependant , avec tout mon courage , M. Oldbuck , je suis ravi que tous nos compatriotes prennent les armes.

— Que Dieu nous protège ! avez-vous jamais lu l'histoire de sœur Marguerite , qui est sortie d'une tête maintenant âgée et couverte de cheveux gris, mais qui a plus de bon sens en politique qu'on n'en trouve aujourd'hui dans tout un synode ? Eh bien ! ce que j'ai vu à Edimbourg a quelque rapport avec ce conte. J'ai été consulter mon avocat; je l'ai trouvé habillé en dragon , le casque en tête et le sabre au côté, prêt à monter un cheval qu'un clerc , vêtu en chasseur , tenait par la bride. Je vins pour gronder mon procureur de m'avoir adressé à un fou ; mais lui aussi avait sur sa tête , la plume qu'il tenait autrefois entre ses doigts , et il ressemblait à un officier d'artillerie. Mon mercier tenait son esponton à la main , comme s'il allait mesurer sa toile avec cette mesure d'une nouvelle espèce. Le commis du banquier , qui devait faire la balance de mon compte se trompa trois fois; parce qu'il avait encore la tête fatiguée de l'exercice qu'il venait de faire. Je fus malade et j'envoyai chercher un médecin , mais son œil brillait d'une ardeur si martiale , sa main était armée d'un fer si menaçant, que je crus qu'il venait pour m'assassiner et non pour me guérir. J'eus recours à un médecin, mais lui aussi s'exerçait à une manière de tuer le monde, plus expéditive que celle que la médecine a encore mise en usage. Ne voilà-t-il pas maintenant que nos sages voisins de Fairport ont l'humeur aussi belliqueuse. Je crains un fusil, comme un canard blessé; je deteste le bruit du tambour, autant qu'un quaker; et je n'entends que roulements et fusillades qui me font tressaillir à chaque instant du jour.

— Mon frère, ne vous moquez pas ainsi des volontaires; leur uniforme leur sied fort bien. La semaine dernière, ils ont été mouillés deux fois jusqu'aux os; la peine qu'ils se donnent mérite notre reconnaissance.

— Je sais, dit miss Mac-Intyre, que mon oncle leur a envoyé vingt guinées pour les aider à s'équiper.

— C'était pour leur acheter des liqueurs et du sucre-candi, répondit l'antiquaire, pour encourager le commerce de la ville, et pour rafraîchir le gosier des officiers, qui s'enrouent à force de crier pour le service du pays.

— Prenez garde, Monkbarns, dit sir Arthur, on vous prendrait pour un ennemi du gouvernement.

— Oh ! je ne suis qu'un frondeur ; je ne
demande que la liberté de blâmer ce qui me
déplaît; je prie pour le roi, je paye les impôts,
et je crie contre la douane. Mais voici le fro-
mage qui vaut mieux que la politique pour
aider la digestion.

Lorsque les dames se furent retirées, Oldbuck et sir Arthur entrèrent dans de profondes discussions, auxquelles Lovel, soit parce
qu'elles étaient trop savantes, soit pour toute
autre raison, ne prit que peu de part. Il fut
tiré tout-à-coup de sa rêverie, par un appel à
son jugement. Lovel fut obligé d'avouer qu'il
ignorait absolument ce qui faisait le sujet de
la conversation depuis une heure. Il s'agissait
de la langue que parlaient les anciens Pictes.
Oldbuck soutenait qu'elle était un dialecte
gothique, et sir Arthur qu'ils parlaient celte.
Le premier citait à son appui Pinkerton,
Gordon, Innes, le second rapportait l'opinion
de Chalmers, de sir Robert Sibbald, de Rit-
son. Le mot *Penval* avait fait naître leur dispute; Oldbuck prétendait qu'il signifiait *caput
valli*, et sir Arthur la tête du mur.

Il y eut un long silence. — Voilà un fondement bien étroit pour bâtir une hypothèse,
observa leur arbitre.

— Pas du tout, pas du tout', dit Oldbuck ; on combat sur des terrains bien plus étroits.

— Il est décidément celtique, dit le baronnet ; dans les Highlands tous les noms de montagnes commencent par *Ben*.

— Mais que dites-vous de *Val*, sir Arthur ? N'est-ce pas décidément le saxon *Wall* ?

— C'est le romain *vallum*, dit sir Arthur ; les Pictes leur ont emprunté cette partie du mot.

— Ce n'est pas cela ; dit Oldbuck, s'ils ont emprunté quelque chose, c'est votre *Ben*, qu'ils auront pris à leurs voisins les Bretons.

— Le dialecte des Pictes doit avoir été bien pauvre, dit Lovel, puisque dans le seul mot qui reste de leur vocabulaire, mot qui n'est composé que de deux syllabes, ils ont été obligés d'en emprunter une à une autre langue. Il me semble, messieurs, que votre dispute ressemble assez à celle de deux chevaliers au sujet de la couleur d'un bouclier, qui était noir d'un côté et blanc de l'autre. Chacun de vous reclame une partie du mot et abandonne l'autre. Mais ce qui me frappe le plus, c'est la pauvreté d'un langage qui a laissé si peu de vestiges.

— Vous êtes dans l'erreur, dit sir Arthur,

c'était une langue riche, c'était celle d'un peuple puissant, qui a bâti deux églises fameuses, l'une à Brechin, l'autre à Abernethy. Les filles pictes du sang royal étaient gardées au château d'Edimbourg, appelé alors *Castrum Puellarum.*

—— C'est une légende puérile, dit Oldbuck, qui n'a été inventée que pour donner de l'importance au sexe féminin. Il était appelé le Château des Filles, *quasi lucus à non lucendo,* parce qu'il résistait à toute attaque, tandis que les femmes ne résistent à aucune.

—— Il existe une liste des rois pictes très-authentique, depuis Crentheminach-cryme (la date de son règne n'est pas bien certaine) jusqu'à Drusterstone, dont la mort mit fin à leur dynastie. La moitié d'entr'eux ont devant leur nom la syllabe *Mac*, c'est-à-dire fils. Qu'en dites-vous, M. Oldbuck ? Il y a Drust Mackmorachin, Trynel·Maclachin (le premier de cet ancien clan) Cormack Macdonald, Alpin Mackmetegus, Drust Macktallargam, (ici il fut interrompu par une quinte de toux) hum, hum, hum... Golarge Macchan... hum, hum... Macchanan... hum... Macchananail, Kenneth... hum, hum... Macferedith, Eachan Macfungus, et vingt autres noms aussi décidément celtiques , que je vous répéterais si cette maudite toux me le permettait.

— Prenez un verre de vin , sir Arthur , pour vous aider à avaler cette liste de payens, qui etranglerait le diable. Le dernier que vous avez nommé est le seul qui ait un nom intelligible. Tous ces monarques n'ont existé que dans le cerveau dérangé de quelque barde montagnard.

— Je suis surpris de vous entendre parler ainsi, M. Oldbuck, dit sir Arthur ; vous savez, ou vous devez savoir , que la liste de ces potentats a été copiée par Henry Maule de Melgum, dans les chroniques de Loch-leven et de Saint-André , il l'a rapportée dans la courte, mais intéressante histoire des Pictes , imprimée par Robert Freebairn d'Edimbourg. J'en ai un exemplaire dans ma bibliothèque. Qu'en dites-vous, M. Oldbuck ?

— Je me moque de Henry Maule et de son histoire.

— Ne vous moquez pas d'un homme qui vaut mieux que vous , dit sir Arthur , avec un peu de mépris.

— Je ne vois pas en quoi.

— Henry Maule de Melgum était gentilhomme , M. Oldbuck.

— Je pense que ce n'est pas là ce qui lui donne quelque avantage sur moi, repondit l'antiquaire.

— Permettez, M. Oldbuck ; il descendait d'une noble et ancienne famille, par conséquent...

— Le descendant d'un imprimeur Westphalien ne devrait parler de lui qu'avec respect ? Telle peut être votre opinion, sir Arthur ; ce n'est pas la mienne. Je pense que l'honneur de compter parmi mes ancêtres ce pénible et industrieux typographe, Wolfbrand Oldenbuck, qui, dans le mois de décembre 1493, sous la protection de Sebaldus Scheyter et de Sebastien Kammer-maister, acheva l'impression de la Grande-Chronique de Nuremberg, je pense, dis-je, que cette origine est plus honorable pour un homme de lettres comme moi, que si j'avais pour ayeux, de vieux barons gothiques, depuis l'époque de Crentheminach-cryme, dont pas un seul ne savait pas signer son nom.

— Si vous faites cette remarque, pour vous moquer de mes ancêtres, dit le chevalier en prenant un air de dignité, j'aurai le plaisir de vous apprendre que le nom de mon ayeul Gamelyn de Guardover, *miles*, est ecrit de sa propre main sur un acte très-ancien du Ragman-roll.

— Cela ne sert qu'à prouver qu'il fut un des premiers qui donnèrent le lâche exemple de se soumettre à Edouard I.er Comment pouvez-vous vanter la loyauté de votre famille, sir Arthur, après une defection pareille ?

— C'est assez, monsieur, dit sir Arthur en se levant fièrement et en retirant sa chaise ; j'aurai soin dorénavant de réfléchir plus longtemps avant d'honorer de ma compagnie, un homme qui ne se montre pas plus reconnaissant de ma condescendance.

— Vous ferez ce qui vous plaira, sir Arthur ; j'espère, qu'ignorant l'étendue de l'obligation que je vous ai pour avoir visité ma pauvre maison, je serai excusable de n'avoir pas poussé ma reconnaissance jusqu'à la servilité.

— Fort bien, fort bien, M. Oldbuck, je vous souhaite le bon soir. M. Lovel, je vous fais mes adieux.

Sir Arthur sortit furieux du salon, et traversa à grands pas les passages tortueux qui y conduisaient, comme si son cœur eût été animé de l'esprit des chevaliers de la Table ronde.

— Avez-vous jamais vu un vieux fou aussi entêté ? dit Oldbuck à Lovel. Mais il ne faut pas le laisser partir de cette manière.

En parlant ainsi, il courut après le baronnet dont il reconnut la trace en l'entendant ouvrir et fermer violemment les portes, tandis qu'il cherchait vainement le salon où les dames prenaient le thé. — Vous vous ferez du mal, cria l'antiquaire : *qui ambulat in tenebris, nescit quò vadit* ; vous vous jetterez à bas de l'escalier.

Sir Arthur se trouvait dans l'obscurité ; on sait que les nourrices et les gouvernantes se servent de ce moyen pour calmer leurs enfants irrités. Cette obscurité retarda les pas du baronnet furieux, s'il ne calma pas sa colère, et M. Oldbuck qui connaissait mieux le local, l'atteignit au moment où il allait ouvrir la porte du salon. Attendez une minute, sir Arthur, lui dit Oldbuck en s'opposant à ce qu'il entrât brusquement ; ne soyez pas si pétulant, mon vieil ami. J'ai été trop grossier avec vous au sujet de sir Gamelyn. C'est une de mes vieilles connaissances, un de mes favoris ; il a été le compagnon d'armes de Bruce et de Wallace. Je jurerai même sur une Bible gothique, qu'il n'a signé le Ragman-roll que pour tromper le perfide Anglais ; c'était une ruse écossaise, mon bon chevalier, plusieurs centaines de personnes en firent autant. Allons,

allons,

allons, oubliez et pardonnez, avouez que nous avons donné à notre jeune convive le droit de nous regarder comme deux vieux fous.

— Parlez pour vous, M. Oldbuck, dit sir Arthur avec hauteur.

— C'est bon ; il faut donc céder à votre volonté.

La porte s'ouvrit, et sir Arthur entra dans le salon, suivi par Lovel et M. Oldbuck. L'agitation était empreinte sur les traits de tous les trois.

— Je vous attendais, dit miss Wardour à son père, pour vous proposer de faire une promenade à pied et d'aller au-devant de notre voiture, car la soirée est superbe.

Sir Arthur consentit volontiers à cette proposition qui convenait assez à l'humeur où il se trouvait. Il refusa donc de prendre le thé et le café, prit sa fille sous son bras et partit, après avoir pris congé des dames d'un ton cérémonieux, et après avoir dit séchement adieu à Oldbuck.

— Je crois que sir Arthur s'en va fâché, dit miss Oldbuck.

— C'est un fou ; il est encore plus absurde que les femmes dans ses idées ; qu'en dites-vous, Lovel? — Comment, il est parti lui aussi?

— Il a pris congé de vous , mon oncle , pendant que miss Wardour mettait son chapeau ; je ne crois pas que vous y ayez fait attention.

— Ils ont tous le diable au corps. Voilà ce qu'on gagne a donner des dîners. — O Seged , empereur d'Ethiopie ! s'écria-t-il en prenant un volume du *Rôdeur* d'une main , tandis qu'il tenait sa tasse de thé de l'autre , car il avait pris l'habitude de lire lorsqu'il buvait ou mangeait en présence de sa sœur , soit pour montrer son mépris pour la société des femmes , soit pour ne pas perdre une occasion de s'instruire. — O Seged , empereur d'Ethiopie ! que tu as bien parlé ! Aucun homme ne doit dire : Aujourd'hui sera un jour de bonheur.

Oldbuck continua à lire pendant près d'une heure, sans être interrompu par les dames , qui s'occupaient à travailler en silence. Enfin un léger coup se fit entendre à la porte. — Est-ce vous, Caxon ? entrez.

Le vieillard ouvrit la porte , et montrant seulement son visage maigre ombragé par quelques cheveux gris et une manche de son habit blanc , il dit d'un ton mystérieux : — J'ai besoin de vous parler , monsieur.

— Entrez, vieux fou, et dites-moi ce que vous avez à me dire.

— Je crains d'effrayer ces dames.

— De les effrayer ! que voulez-vous dire ? ne faites pas attention à elles. Avez-vous vu un autre esprit à Humblocknowe ?

— Non, monsieur ; ce n'est pas un revenant cette fois ; mais je n'ai pas l'esprit tranquille.

— Et qui l'a jamais ? répondit Oldbuck ; pourquoi voulez-vous qu'un vieux poudreur de perruques comme vous, ait l'esprit plus tranquille que le reste du monde ?

— Ce n'est pas pour moi que je crains ; mais un orage nous menace pour cette nuit ; et sir Arthur... et miss Wardour... pauvre demoiselle...

— Comment ? ils auront trouvé leur voiture au bout de l'allée ; et ils doivent être rendus chez eux depuis long-temps.

— Non, monsieur ; ils n'ont pas suivi la grande route ; ils ont pris la direction des sables.

— Ce mot produisit sur Oldbuck l'effet d'une étincelle électrique. — Les sables ! impossible !

— C'est ce que je disais au jardinier, monsieur ; mais il les a vus tourner du côté de Mussel-craig. Ma foi, lui ai-je dit, si cela est ainsi, Davie ..

— Un almanach ! un almanach ! cria Oldbuck vivement alarmé. Ce n'est pas cela, dit-
il en jetant de côté un almanach de poche que
sa nièce lui présentait. Grand Dieu ! ma pauvre miss Isabelle ! Apportez-moi à l'instant
l'almanach de Fairport. Il le consulta et s'écria
avec une agitation encore plus grande : J'y
vais moi-même. Appelez le jardinier et le va-
let-de-charrue ; dites-leur d'apporter des cor-
des et des échelles. Qu'ils amènent avec eux
tous ceux qu'ils rencontreront pour porter du
secours. Marchez sur le haut des rochers , et
criez-leur que vous venez les secourir. J'y
cours.

— De quoi s'agit-il ? dirent miss Oldbuck
et miss Mac-Intyre.

— La marée ! la marée ! répondit l'antiquaire alarmé.

— Ne vaudrait-il pas mieux que Jenny...
mais non , j'y cours moi-même, dit la nièce ;
je vais trouver Saunders Mucklebackit, et le
prier de mettre son bateau à la mer.

— Je vous remercie, ma chère ; voilà ce
que vous avez dit de plus sage jusqu'à ce jour.
Courez ! courez ! — Aller par les sables ,
s'écria-t-il en prenant sa canne et son chapeau ,
voilà la plus insigne folie !

CHAPITRE VII.

L'Avis de Davie Dibble, qui avait causé une alarme générale à Monkbarns, se trouva exactement véritable. Sir Arthur et sa fille étaient sortis pour retourner à Knockwinnock par la grande route; mais lorsqu'ils furent au bout de l'avenue de la maison de Monkbarns, ils aperçurent à quelque distance devant eux, Lovel, qui semblait ralentir le pas pour avoir l'occasion de les rejoindre. Miss Wardour proposa aussitôt à son père de prendre une autre direction; et comme la soirée était belle, elle lui conseilla de passer par les sables, qui s'étendant aux pieds d'une longue chaîne de rochers, offraient presque en tout temps entre Knocwinnock et Monkbarns une communication plus agréable que la grande route.

Sir Arthur y consentit volontiers. —— Je serais fâché, dit-il, d'être rejoint par ce jeune homme, que M. Oldbuck s'est permis de nous donner pour convive. Son antique politesse ne lui présentait pas d'autre moyen de se débarrasser d'un homme dont la compagnie ne lui plaisait pas. Il chargea seulement un petit

6.

polisson, à qui il donna deux sous, de courir au devant du cocher, pour qu'il ramenât l'équipage à Knockwinnock.

Cet arrangement fait, le chevalier et sa fille, quittèrent la grande route et suivirent un sentier qui traversait la grève au milieu de longues herbes et d'algues marines. La marée n'était pas aussi éloignée qu'ils le croyaient ; cependant ils n'en furent pas alarmés, les flots, pendant la haute mer, approchaient tout au plus dix fois dans l'année, assez près des rochers pour ne pas laisser de passage a sec. Mais néanmoins, lors des pleines lunes, ou même quand un vent violent poussait les eaux, le chemin était quelquefois couvert par la mer, et la tradition rapportait plusieurs accidents funestes qui avaient eu lieu dans de pareilles occasions. Cependant de tels dangers étaient regardés comme peu probables, et servaient plutôt, avec d'autres légendes, à amuser les veillées du hameau, qu'a empêcher quelqu'un de se rendre de Knockwinnock à Monkbarns par les sables.

A mesure que sir Arthur et sa fille s'avançaient foulant aux pieds l'herbe fraîche, miss Wardour ne put s'empêcher de remarquer que la dernière marée avait été beaucoup plus forte qu'à l'ordinaire. Sir Arthur fit la même observation, mais sans que l'un ou l'autre en conçût quelque alarme. Le soleil se couchait, et dorait les nuages amoncelés, à travers desquels il avait fourni sa carrière, et qui s'accumulaient autour de lui, comme les malheurs et les désastres autour d'un empire ébranlé et d'un monarque déchu. Cependant sa splendeur mourante donnait une sombre magnificence à cet amas énorme de vapeurs, qui formaient des pyramides, des tours dorées, ou couleur de pourpre. La haute mer, enchaînée par un calme effrayant, s'étendait sous ce dais superbe, et réfléchissait les rayons de l'astre qui allait disparaître, et les couleurs brillantes des nuages au milieu desquels il se couchait. Plus près du bord, les vagues se brisaient en flots d'argent, et s'avançaient insensiblement, quoiqu'avec rapidité sur le sable.

L'esprit occupé à admirer cette scène romantique, ou peut-être à des réflexions plus agitées, miss Wardour s'avançait en silence à côté de son père, à qui son orgueil encore offensé ne permettait pas de soutenir une conversation. Suivant les sinuosités de la côte, ils passaient les uns après les autres les divers promontoires, et ils se trouvaient au pied d'énormes rochers à pic qui défendent presque partout ce rivage. De longs rescifs de rochers cachés sous l'eau, dont il ne paraissait à la surface que quelques crêtes où les flots se brisaient en écumant, rendaient la baie de Knockwinnock redoutable aux pilotes. La chaîne de rochers qui séparait la côte de la terre, et qui s'élevait à deux ou trois cents pieds de hauteur, offrait dans ses nombreuses crevasses un refuge assuré à une foule d'oiseaux de mer. Plusieurs de ces tribus sauvages, inspirées par cet instinct qui leur apprend à chercher un asile à terre, avant qu'une tempête éclate, volaient autour de leurs nids, en poussant des cris d'effroi. Le disque du soleil fut entièrement obscurci, avant d'avoir quitté l'horizon ; et le crépuscule d'une soirée d'été fit bientôt place aux ombres de la tempête. Le vent commençait à s'élever, mais son murmure sourd se fit entendre, et la mer s'agita, avant qu'on en sentît le souffle à terre. La masse des eaux, maintenant sombre et menaçante, s'avançait en roulant sur la grève, et se brisait contre les rescifs et la côte avec un fracas semblable au tonnerre.

Effrayée de ce changement soudain, miss Wardour se rapprocha de son père, et serra son bras. — Je voudrais, dit-elle tout bas, comme si elle rougissait d'exprimer ses craintes, je voudrais que nous eussions suivi l'autre route, ou que nous eussions attendu notre voiture à Monkbarns.

Sir Arthur regarda autour de lui, mais il ne vit pas, ou il ne voulut pas avouer qu'il remarquait des présages d'un orage prochain. — Nous serons arrivés à Knockwinnock, dit-il, long-temps avant que la tempête éclate. Mais sa marche rapide, qu'Isabelle avait peine à suivre, prouvait qu'il sentait qu'il avait besoin de se hâter pour que sa promesse consolante ne fût pas vaine.

Ils se trouvaient en ce moment au centre d'une baie profonde mais étroite, formée par deux promontoires inaccessibles qui s'avançaient dans la mer comme les cornes d'un croissant. L'un et l'autre craignaient de ne pouvoir doubler celui qui était devant eux, ni rebrousser chemin, à cause de l'avancement rapide de la marée; mais ils n'osaient se communiquer leurs apprehensions.

Tandis qu'ils marchaient d'un pas rapide, sir Arthur observa une personne qui venait à leur rencontre. — Grace à Dieu, s'écriat-il, nous pourrons doubler Halket-head ! cet

homme doit y avoir passé. Il donna l'essor à
son espérance, quoiqu' l eût caché ses craintes.

— Je rends grace à Dieu ! répéta sa fille
d'un ton très-bas , en exprimant presque inté-
rieurement la reconnaissance qu'elle sentait.

L'homme qui s'avançait vers eux leur faisait beaucoup de signes , mais l'obscurité qui
augmentait et la pluie qui commençait à tomber , les empêchèrent de les comprendre. Sir
Arthur reconnut le mendiant Edie Ochiltree à
quelque distance. On dit que même les animaux féroces oublient leurs haines et leurs
antipathies lorsqu'ils sont menacés d'un danger commun. La grève qui diminuait à chaque
instant de largeur , ressemblait au champ de
bataille sur lequel le juge de paix et le mendiant allaient se rencontrer.

— Retournez ! retournez ! leur cria le vagabond ; pourquoi ne l'avez-vous pas fait, lorsque je vous en faisais signe ?

— Nous croyions , répondit sir Arthur vivement agité , que nous pouvions doubler le
promontoire d'Halket-head.

-- Halket-head ! la marée doit rouler sur Halket-head , comme la cascade de Fyers. J'ai eu
bien de la peine à le tourner il y a vingt minutes. Il y avait déjà trois pieds d'eau. Il faut

que nous retournions par la pointe de Bally-
burg ; c'est notre seule chance de salut. Que
Dieu nous soit en aide !

— Mon Dieu ! mon enfant ! — Mon père !
mon père ! s'écrièrent à la fois sir Arthur et
sa fille ; et la frayeur leur donnant des forces,
ils retournèrent sur leurs pas , pour tâcher de
doubler la pointe qui formait l'extrémité mé-
ridionale de la baie.

— J'ai appris que vous étiez ici par le petit
drôle que vous avez envoyé au devant de votre
voiture , dit le mendiant en marchant deux
pas derrière miss Wardour. Je ne pouvais
supporter l'idée de laisser dans le danger la
jeune demoiselle qui a toujours eu pitié des
pauvres gens. J'ai cru avoir le temps de vous
avertir ; mais je crains bien de m'être trompé ;
car quel homme a jamais vu une marée aussi
furieuse ? Voyez le rocher de Ratton's Skerry.
Je l'ai toujours vu élever la tête au-dessus de
l'eau , et maintenant il est entièrement caché.

Sir Arthur jeta les yeux du côté que le vieillard lui indiquait. Un énorme rocher , qui
même dans les grandes marées montrait encore une surface semblable à la quille d'un
grand vaisseau , était maintenant entièrement
sous l'eau , et l'on n'en reconnaissait la place

qu'au bouillonnement des vagues qui se brisaient contre la résistance intérieure qu'elles
rencontraient.

— Hâtez-vous ! hâtez-vous, ma bonne demoiselle, continua le vieillard, hâtez-vous,
nous y sommes encore à temps ! Prenez mon
bras ; il est faible maintenant, mais il s'est
trouvé dans des situations aussi critiques que
celle-ci. Prenez mon bras, ma bonne demoiselle ! Voyez-vous ce rocher noir au milieu
des vagues ? ce matin il était aussi haut que le
mât d'un brick ; maintenant il est assez petit,
mais tant que j'en verrai la grandeur de mon
chapeau, je ne désespérerai pas de doubler la
pointe de Bally-burgh.

Isabelle prit en silence le bras du vieillard.
Les vagues avaient tellement empiété sur la
grève, qu'ils furent obligés de quitter le sentier uni qu'ils avaient suivi jusqu'alors et d'en
prendre un autre tracé au pied des rochers et
d'un accès très-difficile. Il aurait été impossible à sir Arthur et à sa fille de poursuivre leur
route au milieu de ces écueils, s'ils n'avaient
eu pour guide le mendiant, qui s'y était trouvé
lors des hautes marées, mais jamais, dit-il,
dans une tempête si horrible.

En effet la soirée était effrayante. Le murmure

mure sourd de l'orage se mêlait aux cris des oiseaux de mer, et semblait annoncer la mort de ces trois malheureuses personnes qui se trouvaient entre ce qu'il y a de plus magnifique, mais aussi de plus redoutable dans la nature, une marée furieuse et un précipice insurmontable. De temps en temps, une vague semblable à une montagne menaçait de les engloutir, à chaque minute l'onde ennemie gagnait sur eux du terrain. Cependant, avides de saisir la plus légère lueur d'espérance, ils tenaient leurs yeux fixés sur le rocher qu'Ochiltree leur avait montré. Ils continuèrent à le voir, jusqu'à un détour qu'ils firent pour tourner un avancement de la côte. Privés de la vue de ce signal, leur esprits étaient en proie à la terreur et à l'anxiété. Ils marchèrent toujours, mais lorsqu'ils furent arrivés à un endroit d'où ils pouvaient apercevoir le rocher, il avait disparu. Les eaux parvenues à la pointe du promontoire, s'y brisaient avec furie, et s'élançaient en écumant jusqu'à la hauteur d'un mât d'un vaisseau de premier rang.

A cette vue, le vieillard fut accablé. Isabelle poussa un faible cri; son guide s'écria solennellement: —— Que Dieu ait pitié de nous! et

sir Arthur : — Ma fille ! ma fille ! Mourir
d'une telle mort !...

— Mon père ! mon père ! s'écria sa fille
en se jetant dans ses bras, et vous, bon vieillard, qui perdez la vie, pour avoir voulu
sauver la nôtre !...

— Ce n'est pas la peine d'en parler, dit
Edie ; j'ai assez vécu pour être las de la vie ;
que je meure ici ou là, enterré sous la neige,
ou englouti par l'eau, qu'importe ?

— Brave homme, dit sir Arthur ; ne voyez-
vous aucun moyen de salut ? Je vous enrichi-
rai... je vous donnerai une ferme... je...

— Nos richesses seront bientôt égales, dit
le mendiant, en jetant un regard sur la mer
en fureur ; elles le sont déjà ; car je n'ai pas
de terre, et vous, vous donneriez tous vos
biens et votre baronnie pour quelques pieds
carrés de rocher qui fussent à sec pendant
douze heures.

En parlant ainsi, ils s'arrêtèrent sur le bord
le plus élevé du rocher qu'ils purent atteindre ;
car il semblait que toute tentative pour avancer
ne devait servir qu'à accélérer leur funeste
sort. Ils s'arrêtèrent là à attendre les progrès
certains, quoique lents, de l'élément furieux,
dans une situation à peu près semblable à celle

des martyrs de la prémitive église, qui exposés par les tyrans payens à la rage des bêtes féroces , étaient forcés d'être les témoins de l'impatience avec laquelle elles attendaient le signal auquel on ouvrirait leurs cages.

Cependant cette pause terrible donna à Isabelle le temps de rassembler les forces d'une ame naturellement ferme et courageuse , qui fit un nouvel effort dans cette position affreuse. — Faut-il quitter la vie , s'écria-t-elle , sans chercher à éviter la mort ? N'y a-t-il aucun sentier , quelque dangereux qu'il soit , par où nous puissions grimper sur ce rocher , ou au moins atteindre quelque hauteur où nous puissions attendre en sûreté le reflux ou du secours ? On doit connaître notre situation , et l'on ne manquera pas de venir à notre aide.

Sir Arthur , qui entendit , mais qui comprit à peine la question de sa fille , se tourna comme par instinct vers le vieillard , comme s'il tenait leur sort entre ses mains. Ochiltree garda le silence un moment. — Autrefois , dit-il enfin , j'étais un des plus courageux à gravir les rochers , et j'ai déniché plus d'un nid sur ceux-ci ; mais il y a long-temps , bien long-temps , et personne ne pouvait y descendre sans corde , et si j'en avais unè , ma vue , mon pied et ma main se sont affaiblis ; comment pourrai-je vous sauver ? Il est vrai qu'il y avait autrefois ici un sentier ; mais si nous le trouvions , vous aimeriez peut-être mieux rester ici que de vous y hasarder. —— Dieu soit loué ! s'écria-t-il tout-à-coup , il y a quelqu'un qui descend le rocher ! —— Alors elevant la voix, il donna , en criant de toutes ses forces , à l'aventurier hardi , toutes les instructions que lui suggérait la connaissance des lieux. —— C'est bien ! c'est cela ! par ici , par ici ! attachez fortement la corde autour de la Corne de la Vache , cette grosse pierre noire ; faites deux tours. —— C'est cela; maintenant avancez un peu vers la droite jusqu'à cette autre pierre ; nous l'appellons l'Oreille du Chat ; il y avait autrefois le tronc d'un vieux chêne. Doucement, doucement, prenez votre temps. Au nom de Dieu, ne vous pressez pas. Fort bien; maintenant descendez sur le Tablier de Bessie , cette pierre bleue plate ; de là avec votre aide et la corde, je crois que nous pourrons sauver la jeune dame et sir Arthur.

L'aventurier, suivant les avis du vieil Edie, lui jeta le bout de la corde que celui-ci attacha autour de miss Wardour , après l'avoir enveloppée de son manteau bleu, pour la pré-

servcr , s'il était possible de tout accident ;
puis il gravit le rocher en s'aidant de la corde;
et il parvint non sans dangers sur l'espèce de
plate-forme où se trouvait Lovel , car c'était
lui-même. Leurs forces réunies parvinrent à
faire monter Isabelle en lieu de sûreté. Lovel
descendit encore pour aider sir Arthur autour
de qui il attacha la corde , puis étant remon-
té, avec le secours d'Edie , et les efforts que
fit le chevalier, il réussit à l'amener sain et
sauf sur le plateau , à l'abri des vagues.

La joie d'être sauvé d'une mort inévitable
produisit son effet ordinaire. Le père et la
fille se jetèrent dans les bras l'un de l'autre,
s'embrassèrent et pleurèrent de tendresse ,
quoiqu'ils eussent la perspective de passer une
nuit orageuse sur le flanc d'un précipice ,
qui laissait à peine assez de place à ces quatre personnes tremblant de froid , qui , de
de même que les oiseaux de mer , y cherchaient un asile contre l'élément destructeur
qui exerçait sa fureur au-dessous d'eux. Les
vagues , qui atteignaient déjà le pied du précipice , s'élançaient jusqu'au lieu qui leur servait maintenant de refuge, et leur fracas semblait demander la proie qui leur échappait.
C'était une nuit d'été ; mais il était douteux

que la constitution délicate de miss Wardour
pût résister jusqu'au matin, à une pluie bat-
tante, accompagnée d'un vent qui redoublait
de violence.

— Cette pauvre fille ! dit le vieux mendiant ; j'ai passé en plein air plus d'une nuit
semblable, mais, Dieu nous protège, comment pourra-t-elle y résister ?

Il communiquait à demi-voix ses inquiétudes à Lovel ; car il existe une espèce de franc-
maçonnerie entre les ames courageuses au moment du danger, qui fait qu'elles se recon-
naissent et qu'il s'etablit entr'elles une confiance mutuelle. — Je vais gravir de nouveau
le rocher, dit Lovel ; il y a encore assez de
jour pour m'éclairer ; je grimperai, et j'appellerai du secours.

— Faites-le, faites-le, pour l'amour du
ciel ! dit vivement sir Arthur.

— Etes-vous fou ? dit le mendiant ; Francie de Fowlsheugh, qui etait l'homme le plus
hardi de son temps pour escalader les rochers, (car il se cassa le cou sur celui de
Dumbuy de Slaines) Francie n'aurait pas
grimpé sur Halket-head après le coucher du
soleil. C'est une grande merveille, et une grace
de Dieu, que vous ne soyez pas dans la mer,

après ce que vous avez fait. Je n'aurais pas cru qu'il y eût un homme vivant capable de descendre comme vous du haut de ce rocher. Je doute que moi-même j'eusse pu en faire autant, avec un temps pareil et à une heure aussi avancée, lorsque j'étais dans toute la vigueur de la jeunesse. Mais se hasarder à y retourner, c'est vouloir tenter la Providence.

— Je ne crains rien, répondit Lovel; j'ai soigneusement remarqué tous les endroits les plus faciles, et il y a encore assez de clarté pour les reconnaître. Je suis certain d'arriver sans accident. Restez-ici, mon ami, auprès de sir Arthur et de sa fille.

— Dût le diable m'engourdir les jambes, dit brusquement Edie, si vous montez, je monterai aussi; car nous aurons assez d'ouvrage à nous deux pour arriver jusqu'au sommet.

— Non, non; restez pour veiller sur miss Wardour; vous voyez que sir Arthur est entièrement épuisé.

— Restez vous-même, et je partirai seul; que la mort épargne le fruit vert et qu'elle prenne le mûr.

— Demeurez tous deux, je vous en conjure,

dit Isabelle d'une voix faible ; je suis bien ; je puis passer la nuit ici ; je sens que mes forces reviennent. A ces mots, la voix lui manqua, et elle serait tombée du haut du rocher si elle n'avait pas été soutenue par Lovel et Ochiltree ; ils la placèrent auprès de son père, qui épuisé par une fatigue de corps et d'esprit aussi extraordinaire, s'était assis sur le rocher, plongé dans une espèce de stupeur.

— Il est impossible de les laisser, dit Lovel ; que faut-il faire ? — Ecoutez ! écoutez ! n'entendez-vous pas des cris ?

— C'est la voix du plongeon, répondit Ochiltree, je la reconnais bien.

— Non, par le ciel, dit Lovel, c'est une voix humaine.

De nouvelles clameurs se firent entendre, et elles étaient reconnaissables, malgré le bruit des eléments et les cris des mouettes qui les entouraient. Lovel et le mendiant crièrent ensemble de toutes leurs forces, et ce dernier agitait au bout de son bâton le mouchoir de miss Wardour, pour faire remarquer le lieu où ils étaient. Quoique les cris fussent répétés, il se passa quelque temps avant qu'ils répondissent exactement aux leurs ; de sorte que ces infortunés étaient incertains si le crépus-

cule qui s'obscurcissait à chaque instant, et si
la tempête qui allait en augmentant permet-
traient aux personnes qui venaient à leur secours de distinguer le point vers lequel elles
devaient se diriger. Enfin on répondit distinctement à leurs cris, et ils reprirent courage
en voyant qu'ils étaient au moins à portée
d'être entendus, si non d'être secourus.

CHAPITRE VIII.

Les accents des voix humaines qui venaient
du haut du rocher augmentèrent bientôt, et
la lueur des torches se mêla à la clarté mourante du crépuscule. On tenta de communiquer avec les malheureux exposés à un si grand
péril ; mais le bruit de la tempête rendait tous
les cris aussi inarticulés que ceux des oiseaux,
effrayés de ces clameurs réitérées, dans un
lieu, où elles s'etaient si rarement fait entendre.

Un groupe rempli d'inquiétude etait rassemblé sur la crête des rochers. Oldbuck était
le premier et le plus animé, il avançait sur
l'extrême bord sa tête, après avoir assuré son
chapeau et sa perruque avec un mouchoir

noué sous le menton , et il avait un air déterminé qui faisait trembler ses compagnons
moins hardis.

— Prenez garde , prenez garde , Monkbarns , s'écriait Caxon ; en retenant son patron par les pans de son habit ; au nom de
Dieu , prenez garde. Sir Arthur est déja noyé,
et si vous tombez aussi du rocher , il ne restera plus qu'une perruque dans la paroisse ,
celle du ministre.

— Par ici , par ici , criait Mucklebackit ,
vieux pêcheur et contrebandier ; Steenie,
Steenie Wilks , apportez le cable , je vous
promets que bientôt nous les amènerons à
bord. Monkbarns , ôtez-vous un peu de là.

— Je les vois , dit Oldbuck , je les vois
en bas sur cette pierre plate. — Hé ! holà!
hé ! ho !

— Je les vois bien aussi , dit Mucklebackit;
ils sont assis comme des corbeaux au milieu
du brouillard ; mais croyez-vous leur porter
secours , en criant comme une vieille mouette
au premier coup de vent ? Steenie , apportez
le mât. Il faudra les monter ici , comme nous
montions autrefois les barils de vin et d'eau-
de-vie. Allons , à l'ouvrage , mes enfants;
faites un trou pour enfoncer le mât. Atta-

chez solidement le fauteuil avec le cable ,
serrez bien.

Les pêcheurs avaient apporté le mât d'un
bateau , et comme une grande partie des gens
du pays étaient accourus , soit par zèle soit
par curiosité , il fut bientôt enfoncé en terre
et solidement assuré. Une vergue attachée en
travers du mât , avec une corde roulant autour d'une poulie , forma tout-à-coup une espèce de grue , qui permit de descendre un
fauteuil jusqu'à la petite plate-forme où nos
infortunés s'étaient réfugiés. Leur joie , en entendant les préparatifs qu'on faisait pour les
delivrer , fut bien diminuée , lorsqu'ils virent
la frêle voiture , qui devait les transporter
dans les airs. Le fauteuil était suspendu à environ trois pieds de l'endroit où ils se trouvaient , flottant au gré des vents , suspendu à
une longue corde , qui , au milieu de l'obscurité , ressemblait à un fil presque imper-
ceptible. Sans parler du danger de se confier
à une machine si fragile , il y avait encore a
craindre d'être jeté contre les pointes du rocher soit par la force du vent , soit par les
vibrations de la corde. Pour diminuer ce risque autant que possible , ces marins expéri-
mentés avaient descendu avec le fauteuil une

autre corde, qui, etant tenue par les personnes d'en-bas, pouvait servir à assurer la marche de la machine, et à la rendre moins va-
cillante. Cependant il fallait tout le courage
que le désespoir seul peut donner, pour se hasarder dans une telle voiture, au milieu des
horreurs de la tempête, avec un précipice au-
dessus de sa tête, et un abyme sous ses pieds.
Cependant tout périlleux qu'était ce mode de
transport, Lovel et le mendiant convinrent
après un moment de consultation, et après
que le premier eut, au risque de sa vie,
essayé la solidité de la corde, ils convinrent
d'attacher miss Wardour sur le fauteuil, et
de se fier au zèle de leurs amis pour la faire
arriver sans accident au haut du rocher.

— Que mon père passe le premier, dit
Isabelle; au nom du ciel, mes amis, mettez-le
le premier en sûreté !

— Cela ne peut être ainsi, miss Wardour,
dit Lovel; il faut avant tout sauver votre vie.
La corde qui supporte votre poids peut....

— Je ne veux pas écouter un motif aussi
égoïste.

— Mais nous, nous sommes obligés de
l'écouter, dit Ochiltree, notre vie en dépend.
D'ailleurs lorsque vous serez arrivée là-haut,

vous pourrez leur dire dans quelle position nous nous trouvons sur ce rocher, tandis que sir Arthur, n'est guère en état de le faire.

Frappée de la vérité de ce raisonnement, elle s'écria : — C'est vrai, vous avez raison ; je suis prête à m'exposer la première à ce périlleux voyage. Que dirai-je à nos amis là-haut.

— De prendre garde de faire frotter la corde contre le rocher ; de descendre et de monter doucement le fauteuil ; nous leur crierons quand nous serons prêts.

Lovel, avec le soin d'un père pour sa fille, attacha miss Wardour avec son mouchoir, sa cravatte, et la ceinture de cuir du mendiant, au dos et aux bras du fauteuil, s'assurant que chaque nœud était solidement serré, tandis qu'Ochiltree, cherchait à tranquilliser sir Arthur. — Que faites-vous à mon enfant ? Je ne veux pas que vous la sépariez de moi. Isabelle, restez avec moi, je vous l'ordonne.

— Pour l'amour de Dieu, sir Arthur, taisez-vous, et remerciez le ciel, de ce qu'il y a des gens plus sages que vous pour vous tirer de ce mauvais pas, lui dit le mendiant impatienté des exclamations déraisonnables du pauvre baronnet.

— Adieu , mon père , murmura Isabelle ;
adieu , mes... mes amis , et fermant les yeux,
comme Edie le lui recommandait , elle donna
le signal à Lovel , et celui-ci à ceux d'en haut.
Elle s'éleva , tandis que Lovel rendait son as-
cension moins périlleuse avec la corde qu'il
tenait. Il suivit des yeux sa frêle voiture , le
cœur palpitant d'inquiétude , jusqu'à ce qu'il
la vît de niveau avec le sommet du précipice.

— Doucement , mes enfants , doucement ,
s'écria le vieux Mucklebackit qui dirigeait la
manœuvre ; tirez la corde à vous. Bon , la
voilà en terre ferme.

Un cri de joie annonça l'heureuse arrivée
d'Isabelle à ses compagnons d'infortune , qui
y répondirent par de joyeuses acclamations.
Monkbarns dans l'excès de sa joie , se dé-
pouilla de sa redingotte pour en revêtir la
jeune dame; il allait même quitter son habit
et sa veste , dans le même dessein , lorsqu'il
fut retenu par le prudent Caxon : — Prenez
garde , votre honneur attrapera quelque rhu-
me; et vous garderez la chambre pendant
quinze jours , ce qui ne nous convient pas du
tout. La voiture est là ; que deux personnes y
portent la jeune dame.

— Vous avez raison , dit l'antiquaire , en

repassant les manches de son habit, et en ra-
justant son collet, vous avez raison, Caxon ;
la nuit est diablement humide. Miss Wardour,
permettez que je vous accompagne jusqu'à la
voiture.

— Non pas, pour tout au monde ; il faut
que je voie mon père en sûreté.

Alors, en peu de mots, mais qui prou-
vaient combien son courage avait surmonté
les craintes mortelles qu'elle venait d'éprouver,
elle fit connaître la position de ses compagnons
d'infortune, et les desirs de Lovel et d'O-
chiltree.

— C'est bien, fort bien ! Et moi aussi je
voudrais voir sur un terrain sec le fils de sir
Gamelyn de Guardover. Je crois qu'il signerait
le serment d'abjuration et le Ragman-roll, et
qu'il reconnaîtrait que la reine Marie ne vaut
pas mieux que sa réputation, pour se trouver
en face de ma bouteille de vieux Porto qu'il a
quittée si brusquement à moitié vide. Mais le
voilà bientôt en sûreté, il arrive. (On commença a tirer de nouveau le fauteuil où sir
Arthur s'était laissé attacher, sans trop savoir
de quoi il s'agissait.) Le voici : courage, mes
enfants ! faites tous vos efforts ; une généalogie
de cent degrés est suspendue à une corde de

vingt sous. Toute la baronnie de Knockwinnock dépend de quelques brins de chanvre.
Respice funem , respice finem , c'est-à-dire , attention à la fin , attention à la corde. — Soyez
le bienvenu mon bon vieil ami , sur la terre
ferme. Vive la corde contre cinquante brasses
d'eau !

Pendant qu'Oldbuck parlait ainsi , sir Arthur se trouvait dans les bras de sa fille , qui ,
prenant cette autorité que les circonstances
permettaient, chargea quelques-uns des spectateurs de le porter dans la voiture promettant
de les suivre dans quelques minutes. Elle de-
meura sur le rocher , appuyée sur le bras
d'un vieux paysan , pour être sans doute té-
moin de la délivrance de ceux dont elle avait
partagé les dangers.

— Qui est-ce qui nous arrive ici ? dit Oldbuck, pendant que le fauteuil remontait encore. Quelle est cette figure basanée ? Quoi !
c'est toi ? en reconnaissant Ochiltree à la clarté
des torches ; viens, vieux moqueur, il faudra
que je sois de tes amis ; mais qui diable reste-
t-il en bas ?

— Quelqu'un qui nous vaut bien tous les
deux, Monkbarns ; c'est le jeune étranger
qu'on appelle Lovel. Il s'est comporté dans

cette terrible soirée, comme s'il avait trois vies, et qu'il voulût les perdre pour nous sauver. Attention, messieurs, si vous faites cas de la bénédiction d'un vieillard. Songez qu'il n'y a personne en bas pour tenir la corde. Prenez garde à l'Oreille du Chat et à la Corne de la Vache.

—— Prenez bien garde, répéta Oldbuck ; c'est mon cygne noir, *rara avis*, mon phénix des compagnons de voyage. Ayez bien soin de lui, Mucklebackit.

—— J'en aurai autant de soin que si c'était un baril de vieille eau-de-vie ; c'est tout ce que je puis faire de mieux, quand même ses cheveux seraient aussi précieux que ceux de John Harlowe. Holà, enfans ; du courage !

Lovel courut en effet de beaucoup plus grands dangers que ceux qui l'avaient précédé. Son poids n'était pas suffisant pour résister à la violence du vent, et il était suspendu comme un pendule courant à chaque instant le risque d'être brisé contre les rochers. Mais il était jeune, courageux et actif, et avec le secours du bâton du mendiant, que celui-ci lui avait laissé, il réussit à se garantir des pointes menaçantes qui hérissaient la surface du roc. Secoué dans l'espace comme une plume légère, éprouvant un mouvement capable de donner des vertiges, il conserva cependant sa force et sa présence d'esprit ; et ce ne fut que lorsqu'il eut mis le pied sur le sommet du rocher qu'il éprouva un malaise momentané. Lorsqu'il sortit de ce demi-évanouissement, il jeta vivement les yeux autour de lui ; l'objet qu'il cherchait s'éloignait déjà, et l'on n'apercevait plus que sa robe blanche. Elle avait attendu jusqu'a ce qu'elle eût vu le dernier de ses compagnons de voyage hors de danger, et qu'elle eût été assurée par la voix de Muckle-backit « qu'il était arrivé sans avoir les os brisés, et qu'il n'était qu'un peu étourdi du voyage. » Mais Lovel ne sut pas qu'elle avait témoigné pour lui ce degré d'intérêt, qu'il aurait acheté par des périls encore plus grands que ceux qu'il avait courus, et qui cependant n'allait pas au-delà de ce qui était dû a un étranger qui avait exposé sa vie pour la secourir. Elle avait déjà ordonné au mendiant de se rendre à Knockwinnock cette nuit. Il s'en était excusé. — Alors que je vous voie demain, dit-elle.

Le vieillard le lui promit. Oldbuck lui glissa quelque chose dans la main. Ochiltree le regarda à la lueur des torches et le lui rendit,

— Non, non, je ne prends jamais de l'or. D'ailleurs, Monkbarns, vous le regretteriez demain matin. Puis se tournant vers le groupe des pêcheurs et des paysans. — Qui veut me donner à souper, et de la paille fraîche ?

— Moi, moi, moi, répondirent une foule de voix.

— Puisque cela est ainsi, et que je ne puis coucher qu'en une seule cabane, j'irai chez Saunders Mucklebackit. Il a toujours quelque bonne soupe pour vous réchauffer le cœur. Et quant à vous autres, je vous rappellerai quelque jour que que vous m'avez offert ce soir à souper et un lit. En parlant ainsi, il s'éloigna avec le pêcheur.

Oldbuck s'empara de Lovel. — Du diable si vous allez ce soir à Fairport, jeune homme ; il faut que vous veniez avec moi à Monkbarns. Mais vraiment vous vous êtes comporté en héros, en vrai Wallace, à tous égards. Allons, prenez mon bras. Je ne suis qu'un pauvre soutien pour un tel vent, mais Caxon nous aidera. Allons, vieil idiot, passe de l'autre côté. Comment diable avez-vous donc fait pour descendre sur cet infernal Tablier de Bessie, comme on l'appelle ? Bessie, disent-ils ; quelle soit maudite, elle a sans doute déployé cet attribut de son sexe, pour causer la ruine du nôtre.

— Je suis habitué à gravir les rochers, et j'ai vu des chasseurs descendre du rocher par cet endroit.

— Mais comment avez-vous fait pour découvrir le danger de cet impétueux baron et de sa fille qui vaut cent fois mieux que lui ?

— Je les ai vus du haut du précipice.

— Du haut du précipice ! et quel démon vous possédait pour *dumosâ pendere procul de rupe ?* quoique *dumosâ* ne soit guères l'épithète convenable.

— J'aime à voir les nuages s'amonceler et la tempête gronder, ou, pour me servir de votre langage classique, M. Oldbuck, *suave mari magno*, etc. Mais voici la route qui mène à Fairport, il faut que je vous souhaite une bonne nuit.

— Vous ne vous éloignerez pas d'un pas, pas d'un pied, pas d'un pouce, pas d'un *Shathmont*, mot, soit dit en passant, qui a embarrassé bien des gens qui se disent antiquaires. Je suis d'avis que nous devrions lire *Saumon* au lieu de *Shathmont* ; c'est l'espace accordé par les statuts pour le passage d'un

saumon à travers une écluse. Vous voyez qu'il
n'y a pas loin de *Shathmont* à *Saumon*, il n'y
a qu'à retrancher deux ou trois lettres et à en
ajouter une ; je voudrais que jamais antiquaire
n'eût demandé de concessions plus importantes pour former ses dérives.

— Mais, mon cher monsieur, il faut que
je retourne chez moi, je suis mouillé jusqu'aux os.

— Je vous prêterai ma robe-de-chambre,
mes pantoufles, et vous gagnerez la fièvre des
antiquaires, comme on gagne la peste en portant des vêtements infectés. Je vois ce qui vous
retient : vous craignez de mettre en frais le
vieux célibataire. Mais n'y a-t-il pas des restes
de ce glorieux pâté de poulets qui, *meo arbi-
trio*, est encore meilleur froid que chaud ?
et cette bouteille de mon Porto le plus vieux,
dont ce fou de baronnet (à qui je ne puis
pardonner, puisqu'il a échappé au danger de
se casser le cou) n'avait bu qu'un seul verre,
lorsqu'il a pris la mouche au sujet de Gamelyn de Guardover ?

En parlant ainsi, il entraîna Lovel jusqu'à
la porte du pèlerin à Monkbarns. Jamais peut-
être cette maison n'avait reçu deux voyageurs
à pied qui eussent plus besoin de repos ; car

la fatigue que Monkbarns avait essuyée était contraire à ses habitudes, et son compagnon plus jeune et plus robuste avait éprouvé dans cette soirée une agitation d'esprit encore plus pénible et plus accablante que les efforts extraordinaires qu'il avait faits.

CHAPITRE IX.

Ils entrèrent dans le salon où ils avaient dîné, où ils furent accueillis par miss Oldbuck avec une joie bruyante.

— Où est la jeune femelle? dit l'antiquaire.

— Ma foi, mon frère, au milieu de tout ce tumulte, Maria n'a pas voulu rester sous ma garde; elle a couru à Halket-craig-head. Je suis étonnée que vous ne l'ayez pas vue.

— Comment! que dites-vous, ma sœur? cette enfant est allée à Halket-head par une nuit pareille? Bon Dieu! tous les malheurs ne sont pas finis!

— Mais attendez donc, Monkbarns, vous êtes si impérieux et si impatient...

— Bah! bah! dit l'antiquaire avec agitation, où est ma chère Mary?

— Là où vous devriez être vous-même ,
Monkbarns , dans son lit.

— Je l'aurais deviné , dit Oldbuck en riant ,
et délivré de son inquiétude ; je l'aurais pa-
rié; cette petite guenon ne s'embarrasse guères
si nous sommes tous noyés. Mais pourquoi
dites-vous qu'elle était sortie ?

— Vous ne voulez pas attendre la fin du
récit, Monkbarns. Elle est sortie , et elle est
revenue avec le jardinier , dès qu'elle a vu
qu'aucun de vous n'était tombé du haut du rocher , et que miss Wardour était en sûreté
dans la voiture. Il y a un quart-d'heure qu'elle
est rentrée ; car il est maintenant dix heures.
Comme elle était mouillée , la pauvre enfant !
aussi je lui ai fait boire une goutte de vin de
Sherry dans de l'eau de gruau.

— C'est bien , Grizel , c'est bien ; il n'y a
rien comme les femmes pour avoir soin les
unes des autres. Mais écoutez-moi, ma vénérable sœur ; — que ce mot de *vénérable* ne
vous fâche pas ; il ne s'applique pas seulement
à l'âge mais à bien d'autres qualités précieu-
ses ; quoique cette épithète soit honorable,
c'est cependant celle que les femmes estiment
le moins. — Mais pesez bien mes paroles :
servez-nous , à Lovel et à moi , les restes du
pâté de poulet et du vin de Porto.

Caxon, pour lui donner les moyens de changer de vêtements.

C'était le premier mot qui pût donner à penser à miss Oldbuck que le jeune étranger devait passer la nuit dans la maison ; et telle fut sa surprise en entendant une proposition si extraordinaire, que si sa coiffure n'avait pas été si lourde, ses cheveux gris se seraient hérissés sur sa tête.

— Dieu nous protège ! s'écria-t-elle.

— Pourquoi cette exclamation, Grizel ?

— Je voudrais vous dire un mot, Monkbarns.

— Que voulez-vous me dire ? J'ai besoin d'aller me coucher, et ce jeune homme aussi ; qu'on lui prépare un lit à l'instant.

— Un lit ? Que Dieu nous protège ! s'écria Grizel encore une fois.

— Mais que diable est ceci ? N'y a-t-il pas assez de chambres et de lits dans la maison ? N'était-ce pas un ancien *hospitium*, où on recevait chaque soir une vingtaine de pèlerins ?

— O mon cher Monkbarns, qui sait ce qui se passait alors ? Mais dans notre temps, les lits...il y a assez de lits, ma foi, et de chambres aussi ; mais vous n'ignorez pas que, Dieu sait depuis quel temps , personne n'a couché dans ces lits et que les chambres n'ont pas été aérées. Si nous avions su cela , Mary et moi nous aurions été au presbytère. Miss Beekie nous aime beaucoup , ainsi que le ministre son frère, mais maintenant, Dieu nous protège !...

— N'y a-t-il pas la chambre verte, Grizel?

— C'est vrai , et elle est assez en ordre , quoique personne n'y ait couché depuis le docteur Heavysterne , mais...

— Mais quoi ? Vous voyez bien le temps qu'il fait; vous ne voudriez pas laisser partir monsieur par une nuit.pareille.

Lovel , en entendant cette altercation ,protesta qu'il préférait retourner chez lui que de leur causer le moindre embarras , que l'exercice lui ferait du bien , qu'il connaissait parfaitement la route de Fairport de nuit ou de jour , que la tempête se calmait , il ajouta tout ce qui lui vint à l'esprit pour se dispenser de profiter d'une hospitalité , qui paraissait plus gênante pour ses hôtes qu'il ne l'avait cru. Mais le sifflement des vents , le bruit de la pluie poussée contre les vîtres , et le souvenir des fatigues que son jeune ami venait d'éprouver , auraient empêché Oldbuck de le laisser partir , quand même il n'aurait pas conçu pour lui une affection réelle. D'ailleurs il croyait que son honneur était piqué, et il voulait lui prouver qu'il ne se laissait pas gouverner par les femmes. — Asseyez-vous, asseyez-vous, lui dit-il ; si je souffre que vous partiez, je consens à ne jamais déboucher un flacon, et voici une bouteille de bière forte ; ce n'est pas une de ces misérables décoctions qu'on vend sous ce nom ; John de Girnel n'en a jamais eu de meilleure à offrir au pèlerin et au ménestrel qui lui apportaient des nouvelles de la Palestine. Et pour vous ôter toute idée de départ, sachez que si vous ne restez pas, votre caractère de brave chevalier est compromis. C'est tenter une aventure, monsieur, que de coucher dans la chambre verte de Monkbarns, et quoique le courageux aventurier Heavysterne, ait souffert des douleurs physiques et morales dans cet appartement enchanté, ce n'est pas une raison pour qu'un vaillant chevalier comme vous, qui avez le double de sa grandeur, et pas la moitié de son poids, ne puisse braver et rompre le charme.

— Quoi ! revient-il des esprits dans cette chambre ?

— Assurément, toutes les maisons un peu anciennes de ce pays ont leurs esprits et leur

appartement où ils reviennent, et j'espère que
vous ne nous supposez pas inférieurs en cela à
nos voisins. Cependant ils commencent à passer un peu de mode. Je me souviens du temps
où, si vous aviez douté de l'existence d'un esprit dans un vieux château, vous auriez couru
le risque d'être métamorphosé vous-même en
esprit, comme dit Hamlet. Oui, si vous aviez
révoqué en doute l'existence du capuchon-
rouge dans le château de Glenstyrim, le vieux
sir Pierre Pepperbrand vous aurait fait tirer
l'épée dans sa cour, et si vous n'aviez pas été
aussi habile que lui, il vous aurait cloué comme un crapaud à son poteau baronnial. Moi-
même j'ai couru un pareil danger; mais je
m'humiliai, et je fis amende honorable au
capuchon-rouge; car, même dans ma jeunesse, je n'ai jamais été ami de la *monoma-
chie* ou du duel; et il m'importe fort peu
quelle opinion on a de ma valeur. Dieu merci,
je suis vieux maintenant, et je puis lâcher la
bride à mon humeur irritable, sans avoir besoin d'en rendre compte, le fer à la main.

En ce moment miss Oldbuck entra, avec
un air grave et composé. — M. Lovel, dit-
elle, votre lit est prêt, les draps sont propres, la chambre aérée, un bon feu est allumé

à la cheminée. Je suis sûre que ce n'est pas à cause de l'embarras que... j'espère que vous passerez une bonne nuit, mais...

— Vous avez résolu de faire tout ce que vous pourrez pour l'en empêcher.

— Moi ? je ne dis rien.

— Mademoiselle, dit Lovel, permettez-moi de vous demander la cause de votre obligeante inquiétude à mon égard.

— Monkbarns ne se soucie pas de l'entendre ; mais il sait lui-même que cette chambre a un mauvais renom. On se souvient fort bien que le vieux Rab Tull, secrétaire de la ville, y était couché lorsqu'il eut cette vision merveilleuse au sujet du grand procès entre nous et les seigneurs féodaux de Mussel-craig. Il nous en avait déjà coûté beaucoup d'argent, M. Lovel, car alors comme aujourd'hui les procès entraînaient de grands frais, et le Monkbarns d'alors, notre ayeul, était sur le point de le perdre faute d'une pièce. Mon frère sait bien quelle était aussi cette pièce, mais je suis sûre qu'il ne m'aidera pas à le dire. Quoi qu'il en soit, elle était fort importante et de toute nécessité pous nous empêcher de perdre notre cause, qui allait être jugée devant les quinze juges. Le vieux Rab Tull, le sécré-

taire de la ville, qui n'etait pas une forte tête,
vint encore une fois chercher ce papier, avant
que mon grand-père partît pour Edimbourg.

— Ma sœur Grizel, c'est abominable, interrompit Oldbuck ; vous auriez eu le temps
d'évoquer les esprits de tous les abbés de Trotcosey, depuis que vous tâchez de nous en
faire paraître un seul. Apprenez à être suc-
cincte dans vos narrations. Imitez le style con-
cis du vieux Aubrey, cet homme si fameux
par ses relations avec les esprits. Par exemple:
« A Cirencester, dit-il, le 5 mars 1670, il y
eut une apparition, on demanda à l'esprit s'il
était bon ou méchant, mais il disparut à l'instant, en faisant un bruit mélodieux, et en laissant un parfum singulier. » Voyez ses Mêlan-
ges, page 181, autant que je puis m'en rap-
peler, vers le milieu de la page.

— Monkbarns, croyez-vous que tout le
monde soit aussi savant que vous dans les livres ? Mais vous aimez à faire paraître les
autres ignorants ; et c'est ce que vous faites à
l'égard de sir Arthur et même du ministre.

— La nature a fait plus que moi, Grizel,
dans ces deux exemples, et même dans un
autre que je ne citerai pas ; mais prenez un
verre d'ale, et achevez votre histoire, car il
se fait tard.

— Jenny bassine votre lit, Monkbarns, et vous êtes obligé d'attendre qu'elle ait fini. J'en étais, je crois, à la recherche que notre ayeul faisait avec Rab Tull du papier qui leur manquait. Jamais ils ne purent venir à bout de le trouver. Après avoir fouillé maints porte-feuilles de cuir, le sécrétaire but un bowl de punch pour faire passer la poussière qu'il avait avalée. Nous n'avons jamais été de grands buveurs dans notre famille, M. Lovel; mais Rab Tull avait tellement pris l'habitude de boire avec les baillis et les diacres, qu'il ne pouvait dormir sans cela. Il but donc son punch et alla se coucher. Mais au milieu de la nuit il eut un réveil terrible. Il ne s'en remit jamais bien depuis, et il mourut d'une attaque de paralysie quatre ans après à pareil jour. Il crut entendre tirer les rideaux de son lit; il s'imagina que c'était un chat; mais il vit... Dieu me protège ! ce récit, que je fais pour la vingtième fois, me fait encore frissonner; il vit au clair de la lune, debout près de son lit un vieillard d'une bonne mine, vêtu à l'ancienne mode. Il avait une longue barbe et les moustaches retroussées. Rab Tull qui était un homme vivant bien pour un clerc de province, et qui était moins effrayé qu'on aurait pu le croire, lni demanda son nom et ce qu'il voulait. L'esprit lui répondit dans une langue inconnue. Rab essaya de lui parler erse, car il était né dans les Highlands , mais ce fut inutile. Alors il lui dit deux ou trois mots de latin qu'il avait appris en lisant les vieux titres de la ville; aussitôt l'esprit fit pleuvoir sur lui un tel déluge de latin , que le pauvre Rab Tull , qui n'était pas très-savant, en fut accablé. Mais comme il était assez courageux , il se souvint du nom latin de la chose qui lui manquait. Il lui parla de carte , je crois , car l'esprit lui répondit : Oui , *carter*, *carter*.

— *Carta* , s'écria Oldbuck , *carta* ! si mon ayeul n'a pas appris d'autre langue dans l'autre monde , il ne doit pas avoir oublié le latin , qui l'avait rendu si fameux dans celui-ci.

— Eh bien , *carta* soit , cependant ceux qui m'ont raconté l'histoire m'on dit *carter*. L'esprit cria donc *carta* , puisque *carta* il y a , et fit signe à Rab de le suivre. Rab Tull, en brave montagnard , saute à bas de son lit , prend les vêtements qui se trouvent sous sa main , et le suit, tantôt montant, tantôt descendant , jusqu'à une petite tour , dans l'angle de la vieille maison , remplie de vieux coffres et de vieux cartons. Là l'esprit lui donna une paire de coups de pieds, le poussa contre cette vieille armoire des Indes qui est maintenant dans la bibliothèque de mon frère, et puis il disparut comme une bouffée de tabac, laissant Rab dans un état pitoyable.

—— *Tenues secessit in auras*, dit Oldbuck ; morbleu, *mansit odor*. Quoi qu'il en soit, la pièce fut retrouvée dans cette armoire oubliee, qui contenait plusieurs papiers curieux, maintenant arrangés avec ordre, et qui semblent avoir appartenu au premier possesseur de Monkbarns. Cet acte était la charte originaire d'érection de l'abbaye, terres abbatiales, etc. de Trotcosey, y compris Monkbarns, en seigneurie relevant du roi, en faveur du premier comte de Glengibber, favori de Jacques VI. Elle est signée par le roi à Westminster, le dix-septieme jour de janvier mil sept cent douze ou treize. Ce n'est pas la peine de vous citer les noms des témoins.

—— J'aimerais à savoir votre avis, dit Lovel, dont la curiosité avait été éveillée par ce récit, sur la manière dont ce papier fut découvert.

—— Si j'avais besoin d'une autorité pour ma légende, j'en trouverais une dans Saint Augustin, qui raconte l'histoire d'une personne décédée qui apparut à son fils qu'on poursuivait pour une dette qui avait été payée , et qui lui indiqua l'endroit où il trouverait la décharge. Mais je préfère l'avis de Bacon , qui pense que l'imagination est pour beaucoup dans tous ces miracles. Il courait dans la famille un conte absurde que cette chambre était hantée par l'esprit d'Aldobrand Oldenbuck mon grand-grand-grand-grand-père ; (c'est une honte pour la langue anglaise qu'elle n'ait pas une manière moins ridicule d'exprimer une parenté dont nous avons occasion de parler si souvent.) Il était étranger , et portait toujours le costume de son pays, dont la tradition avait conservé une description exacte ; d'ailleurs il existe un portrait de lui gravé par Reginald Elstracke , où il est représenté travaillant à la presse de ses propres mains , et tirant les feuilles de son édition si rare de la confession d'Augsbourg. Il était chimiste et bon mécanicien , et l'une et l'autre de ces qualités suffisaient alors pour le faire regarder comme sorcier. Le vieux Rab Tull avait entendu parler de tout cela , et le croyait probablement ; dans son sommeil l'idée de mon ayeul lui rappela celle de sa vieille armoire , qu'on avait reléguée dans le pigeonnier avec cette attention respectueuse que nous conservons souvent pour nos ancêtres et les antiquités. Ajoutez à cela un *quan-tùm sufficit* d'exagération, et vous aurez la clef de tout le mystère.

— O mon frère, mon frère! mais le docteur Heavysterne, dont le sommeil fut si tristement interrompu, qu'il déclara qu'il ne passerait pas une autre nuit dans la chambre verte, au prix du domaine de Monkbarns; de sorte que Mary et moi, nous fûmes obligées de lui céder notre...

— Le docteur est un brave, honnête et lourd Allemand, homme de beaucoup de mérite en son genre, mais plein d'idées mystiques comme la plupart de ses compatriotes. Vous et lui aviez bavardé toute la soirée; il vous avait régalé des contes de Mesmer, de Shropfer, de Cagliostro, et des autres génies modernes qui prétendent être doués du pouvoir d'évoquer les esprits, de découvrir les trésors cachés, etc. en échange de vos légendes sur la chambre verte. Et considérant que *l'illustrissimus* avait mangé une livre et demie de tranches de bœuf à son souper, fumé six pipes, et bu copieusement de la bière et de l'eau-de-vie, il n'est pas étonnant qu'il ait eu un accès de cauchemar. — Mais tout est prêt; permettez-moi de vous éclairer jusqu'à votre

votre appartement, **M. Lovel.** Je vois que vous avez besoin de sommeil, et je pense que mon ayeul connaît trop bien les devoirs de l'hospitalité pour troubler un repos que vous avez si bien mérité par votre conduite pleine de courage et de générosité.

En parlant ainsi, l'antiquaire prit un chandelier d'argent massif, d'une forme antique, dont la matière, lui fit-il observer, avait été tirée des mines de Hartz, et qui avait été la propriété du personnage qui avait fait le sujet de leur conversation. Il le conduisit à travers maints détours, tantôt montant, tantôt descendant, jusqu'à la chambre qui lui était destinée.

CHAPITRE X.

Lorsqu'ils furent entrés dans la chambre verte, Oldbuck plaça le chandelier, snr la table à toilette devant un grand miroir encadré de bois noir et entouré de boîtes de la même couleur, et regarda autour de lui avec un air agité. —— Je viens rarement dans cet appartement, dit-il, et je n'y entre jamais sans céder à un sentiment mélancolique, non pas à cause

de la ridicule histoire que vous racontait Grizel, mais par le souvenir de quelques circonstances qui me rappellent un attachément malheureux. C'est alors, M. Lovel, que nous
sentons les changements que le temps a opé-
rés en nous. Les mêmes objets sont sous nos
yeux, ces choses inanimées qui ont frappé
nos regards au milieu des amusements de l'en-
fance, des passions de la jeunesse, des projets de l'âge mûr, elles restent les mêmes ;
mais lorsque nous les contemplons au milieu
des glaces de la vieillesse, lorsque nos goûts,
nos désirs, nos sentiments, nos traits, notre
force sont changés, pouvons-nous dire que
nous sommes restés les mêmes ? Ou plutôt
ne devons-nous pas nous regarder comme des
êtres différents de ce que nous étions ? Le
philosophe qui en appelait de Philippe pris
de vin à Philippe à jeûn, ne choisissait pas un
juge si différent, que s'il en avait appelé de
Philippe dans sa jeunesse à Philippe dans sa
vieillesse. Mais le temps guérit toutes les bles-
sures, et quoiqu'il en reste une cicatrice, et
parfois de la douleur, cependant on ne res-
sent plus une peine comparable à celle qu'on
ressentit la première fois. —— En parlant ainsi,
il serra cordialement la main de Lovel, et prit
congé de lui,

Lovel l'entendit s'éloigner à travers les nombreux détours, et fermer les portes derrière lui. Ainsi séparé du monde vivant, le jeune homme prit la chandelle, et fit le tour de la chambre. Un bon feu brûlait dans la cheminée, miss Grizel avait eu l'attention de laisser d'autre bois pour l'entretenir L'appartement lui parut commode, sinon agréable. Il était orné d'une tapisserie, que les artistes d'Arras avaient fabriquée dans le seizième siècle, et que le savant typographe avait apportée avec lui comme un modèle des arts du continent. Le sujet était une partie de chasse; et comme les arbres de la forêt formaient la couleur dominante, on avait donné à cet appartement le nom de chambre verte. Des figures grotesques, portant l'ancien costume flamand, des pourpoints tailladés et ornés de rubans, des manteaux courts et de grands hauts-de-chausse, tenaient en laisse des levriers et des bassets, ou les animaient contre le gibier. D'autres, armés de pieux, d'épées, et de mousquets antiques, attaquaient des cerfs ou des sangliers qu'ils avaient mis aux abois. Les branches des arbres étaient couvertes d'oiseaux de diverses espèces.

Les rideaux du lit étaient d'un vert sombre

et fané , analogue à la tapisserie , mais tissus d'une main plus moderne et moins habile. De grandes chaises rembourrées à dossier d'ébène , étaient couvertes de la même étoffe , et le cadre d'un grand miroir sur une cheminée antique , était du même bois que celui qui était au-dessus de la table à toilette.

—— J'ai entendu dire , pensa Lovel en faisant le tour de l'appartement, que les esprits choisissent le meilleur appartement de la maison , et je ne pluis blâmer le goût du défunt imprimeur de la confession d'Augsbourg. Mais il trouva si difficile d'arrêter son ésprit sur les contes qu'on lui avait faits au sujet de cet appartement, qu'il regretta jusque à l'absence de cette agitation , qui tient de la crainte et de la curiosité , et qui prête de l'intérêt à une vieille légende. Mais il n'éprouvait que la fâcheuse réalité d'une passion sans espoir.

Il tâcha de s'abandonner aux émotions que sa situation avait fait naître en tout autre temps , mais il ne restait aucune place dans son cœur pour ces rêveries de l'imagination. Le souvenir de Miss Wardour, déterminée à ne pas le reconnaître quand elle s'était trouvé forcée de souffrir sa société , et qui avait montré le désir de l'éviter, occupait seul son esprit. Mais à cela se joignaient des souvenirs qui ne l'agitaient pas moins , s'ils n'étaient pas plus pénibles , c'était le danger qu'elle avait couru, le secours qu'il lui avait porté ; et cependant quelle avait été sa récompense ? elle s'était eloignée , tandis que le sort de celui qui l'aimait était encore incertain., tandis qu'il était encore douteux si son libérateur ne perdrait pas une vie exposée pour elle avec tant de dévouement. La reconnaissance au moins exigeait qu'elle prît intérêt à son sort. Mais non ; elle ne pouvait être égoïste ou ingrate ; ces sentiments n'étaient pas dans son caractère. Elle n'avait voulu que fermer la porte à l'espérance , par pitié pour lui , éteindre une passion qu'elle ne pouvait payer de retour.

Ce raisonnement suggéré par l'amour ne pouvait lui faire supporter son sort , puisque, plus son imagination lui peignait miss Wardour sous des traits aimables , moins il pouvait se consoler de la perte de ses espérances. Il savait à la vérité qu'il avait le pouvoir de détruire ses préjugés sur certains points ; mais, même dans cette extrémité , il résolut de s'en tenir à sa première détermination, de s'assurer qu'elle désirait une explication avant de la lui donner. D'ailleurs en envisageant les choses sous un autre point de vue, il ne pouvait pas se décider à regarder son amour comme sans espoir. Lorsque O,dbuck le présenta à miss Wardour, il remarqua sur son visage autant d'embarras que de surprise; et peut-être, pensa-t-il en y réfléchissant mieux, l'un de ces sentiments n'était qu'un voile pour cacher l'autre. Il ne voulait pas abandonner une poursuite qui lui avait coûté tant de peines. Des plans conformes à son caractère romanesque occupèrent son imagination long-temps après qu'il fut couché, et l'empêchèrent de goûter le repos dont il avait un si grand besoin. Enfin, fatigué de cette incertitude et des difficultés que chaque projet entraînait avec lui ; il résolut de chasser l'amour de son cœur, comme le lion secoue les gouttes de rosée tombées sur sa crinière, et de reprendre les études et le train de vie qu'une affection non partagée avait interrompus depuis si long-temps et avec si peu de succès. Il tâcha de s'affermir dans cette dernière résolution par tous les arguments que l'orgueil et la raison purent lui suggérer. — Elle ne supposera pas, dit il, que, me prévalant du service que j'ai rendu par hasard à elle et à son père, je veuille la forcer à avoir pour moi des sentiments, dont elle n'a pas cru que j'étais digne personnellement. Je ne la verrai plus. Je retournerai dans un pays où sont des filles , sinon plus belles , du moins aussi belles , et non pas aussi fières que miss Wardour. Demain je dirai adieu à ces rivages du nord, et à celle qui est aussi froide et aussi rigoureuse que le climat qu'elle habite. Lorsqu'il eut réfléchi quelque temps à cette résolution , la nature épuisée succomba enfin , et malgré sa colère, ses doutes et ses inquiétudes, il céda au sommeil.

Il est rare, qu'après une agitation si violente, le sommeil soit paisible. Celui de Lovel fut troublé par mille visions confuses et sans suite. Il se crut tour-à-tour oiseau et poisson, il nageait comme l'un ou volait comme l'autre , facultés qui auraient été bien essentielles à sa sûreté quelques heures auparavant. Ensuite miss Wardour était une syrène ou un oiseau du paradis; et Oldbuck était alternativement une tortue ou un cormoran. Ces images agréables étaient variées de toutes les visions bizarres qui accompagnent le délire de la fièvre , l'air refusait de le porter , l'eau semblait bouillir sous lui ; les rochers contre lesquels il était jeté se changeaient en édredon. Tout ce qu'il entreprenait manquait d'une

9.

manière inattendue ; tout ce qui attirait son
attention subissait d'étranges métamorphoses.
Son ame sentait qu'elle était le jouet d'une il-
lusion et tâchait de la détruire par le réveil ,
mais c'était envain : symptômes que ne connaissent que trop ceux qui reçoivent la visite de
cette sorcière , que les savants nomment
Ephialtes. Enfin ces fantômes prirent une forme plus régulière ; à moins que l'imagination
de Lovel , (et ce n'était pas la faculté la moins
brillante de son esprit) n'ait arrangé , après
son réveil, cette scène avec plus d'ordre qu'elle
ne se présenta à son esprit. Il est possible aussi
que son agitation fébrile l'aida à former cette
nouvelle vision.

Laissant cette discussion aux savants , nous
dirons qu'après les images diverses qui frappèrent les sens de notre héros , (car nous devons le reconnaître pour tel) , il se rappela
où il était , et tout l'ameublement de la chambre verte se peignit à son œil endormi. Qu'il
me soit permis de protester ici encore une
fois , que s'il reste encore un peu de la foi du
bon vieux temps , parmi cette génération scep-
tique, pour supposer que ce qui va suivre est
un effet produit par les yeux plutôt que par
l'imagination , nous ne repoussons par leur

doctrine. Il était donc, ou il croyait être
éveillé dans la chambre verte , les yeux fixés
sur la flamme mourante des fagots qui ache-
vaient de brûler dans la cheminée. Insensiblement la légende d'Aldobrand Oldenbuck , et
ses visites mystérieuses aux hôtes de cette
chambre , excitèrent dans son esprit cette attente inquiète qui manque rarement de faire
paraître l'objet que nous craignons le plus
d'apercevoir. Une flamme plus brillante éclaira
la chambre d'une lumière durable. Les personnages peints sur la tapisserie commencè-
rent à s'animer. Les chasseurs sonnaient de
leurs cors , le cerf semblait fuir , le sanglier
résister ; les cris des bêtes fauves se mêlaient
aux aboiements des chiens ; la voix des hommes aux trépignements des chevaux. Chaque
groupe poursuivait avec toute l'ardeur que
donne la chasse l'occupation dans laquelle l'artiste l'avait représenté. Lovel regardait cette
scène sans étonnement (sentiment qui accompagne rarement les rêves), mais avec une
crainte mêlée d'inquiétude. Enfin un des chasseurs parut se détacher de la tapisserie et s'ap-
procher de son lit. Son cor-de-chasse se changea en un gros volume fermé avec des agraffes
de cuivre; son chapeau de chasseur devint un

bonnet fourré semblable à céux des bourgue-
mestres des tableaux de Rembrandt , son habit flamand resta le même , mais ses traits où
se peignait l'ardeur de la chasse , prirent un air
calme et imposant qui semblait convenir au
premier propriétaire de Monkbarns , tel qu'il
avait été décrit à Lovel la veille par ses descendants. Pendant que cette métamorphose
s'opérait , les autres personnages de la tapisserie s'évanouirent aux yeux de Lovel , qui ne
s'occupa que de celui qui était devant lui. Lovel
s'efforça de l'interroger en prononçant une
formule d'exorcisme propre à cette occasion ,
mais sa langue , comme c'est l'ordinaire dans
les rêves effrayants , sembla paralysée et s'attacha à son palais. Aldobrand leva le doigt
comme pour imposer silence à celui qui s'était
emparé de son appartement , et commença à
ouvrir le livre vénérable qu'il tenait entre ses
mains. Lorsqu'il fut ouvert , il en tourna vivement les feuillets , puis il s'arrêta à une page
où il montra un passage , en tenant le livre
de la main gauche. Quoique la langue dans laquelle il était écrit lui fût inconnue , son œil se
fixa avec tant d'attention sur la ligne que le
fantôme semblait lui montrer , et dont les mots
paraissaient briller d'une lumière surnaturelle,

qu'elle demenra gravée dans sa mémoire. Au moment où l'esprit ferma le livre, une musique délicieuse se fit entendre dans l'appartement. Lovel tressaillit, et s'éveilla complètement. Cependant la musique frappait encore son oreille, et il reconnut distinctement un ancien air écossais.

Il s'assit sur son lit, et tâcha de chasser de son cerveau les fantômes qui l'avaient agité pendant cette nuit terrible. Les rayons du soleil levant pénétraient à travers les volets à demi-fermés, et éclairaient l'appartement. Il jeta ses regards sur la tapisserie; mais les groupes des chasseurs étaient aussi immobiles que pouvaient les rendre les clous qui les attachaient à la muraille, et ils ne tremblaient que lorsqu'un souffle de vent se glissait à travers une fente de la fenêtre. Lovel sauta à bas de son lit et, s'enveloppant d'une robe de chambre qu'on avait eu la précaution de placer à sa portée, il s'avança vers la fenêtre d'où il découvrit la mer, dont les flots etaient encore agités par la tempête de la veille, quoique le ciel fût maintenant serein. La fenêtre d'une tourelle qui faisait un angle avec le mur, et était voisine de l'appartement de Lovel, était à demi-ouverte, et il en entendit sortir les mêmes sons de musique qui avaient probablement interrompu son rêve. Mais le charme était détruit ; ce n'était plus qu'un air passablement joué sur le clavecin. Tel est le caprice de l'imagination en jugeant les beaux-arts. Une voix de femme chantait sur cet air une romance avec assez de goût et beaucoup de simplicité.

Lovel était retourné dans son lit et c'est de là qu'il en entendit les derniers vers. Les idées qu'ils exprimaient étaient assez d'accord avec la teinte romanesque de son esprit ; il ajourna la tâche difficile de prendre un parti définitif, et s'abandonnant à la douce langueur inspirée par la musique, il tomba dans un sommeil profond et réparateur, dont il fut tiré à une heure assez avancée par le vieux Caxon, qui entra doucement dans l'appartement pour remplir les fonctions de valet de chambre.

— J'ai brossé votre habit, monsieur, dit-il en voyant Lovel éveillé ; j'ai été le chercher à Fairport ce matin, car celui que vous aviez hier est encore trop mouillé, quoiqu'il ait passé toute la nuit auprès du feu dans la cuisine. J'ai nettoyé vos souliers. Je pense que vous n'avez pas besoin de moi pour vous coiffer, car, ajouta-t-il avec un léger sourire, les

jeunes-gens d'aujourd'hui portent tous les cheveux courts ; mais j'ai apporté mon fer à friser
pour leur donner une tournure sur le front ,
si vous le permettez , avant que vous descen-
diez chez les dames.

Lovel, qui était alors sur ses jambes , refusa ses offres de service , mais il accompagna
son refus d'un présent qui adoucit la mortifi-
cation de Caxon.

— C'est dommage qu'il ne porte pas les
cheveux frisés et poudrés, dit l'ancien friseur,
lorsqu'il fut revenu dans la cuisine où il passait la plus grande partie de son temps sous
divers prétextes ; c'est grand dommage , car
c'est un jeune gentilhomme bien aimable.

— Taisez-vous , vieux fou, dit Jenny Rintherout, voudriez-vous gâter ses beaux cheveux avec votre vilaine pommade , et les couvrir de farine comme la perruque du vieux
ministre ? Vous voulez votre déjeûner, n'est-
ce pas ? Tenez , mangez cette soupe , cela
vaudra mieux que de vous mêler de toucher à
la tête de M. Lovel. Vous gâteriez la plus belle
chevelure qu'il y ait dans tout Fairport , dans
la ville et dans le comté.

Le pauvre barbier soupira en voyant le mépris dans lequel son art était tombé , mais

Jenny était une personne trop importante pour se hasarder à la contredire. Il s'assit tranquillement dans la cuisine, et avala son humiliation, en même temps que la soupe qu'on lui avait servi pour son déjeûner.

CHAPITRE XI.

Nous prierons nos lecteurs de se rendre avec nous dans le salon où déjeûnait M. Oldbuck, qui, méprisant l'usage moderne du thé et du café, se régalait substantiellement, *more majorum*, avec du bœuf froid, et un verre de *mum*, espèce de bière faite de froment et d'herbes amères, dont la génération actuelle ne connaît le nom que parce qu'il s'est conservé dans les différents actes du parlement, où il se trouve accolé avec le cidre, le poiré et autres liqueurs susceptibles d'être imposées. Lovel, qui se laissa tenter de goûter ce breuvage, put à peine s'empêcher de dire qu'il était détestable ; mais il se contint, de peur d'offenser grièvement son hôte, qui faisait préparer chaque année cette boisson avec un soin particulier, d'après la recette que lui avait léguée Aldobrand Oldenbuck. Les dames

offrirent à Lovel un dejeûner plus conforme
au goût moderne, et pendant qu'il y faisait
honneur, il fut assailli par des questions in-
directes sur la manière dont il avait passé la
nuit.

— Mon frère, nous ne pouvons faire com-
pliment à M. Lovel sur son visage ce matin ;
mais il ne voudra pas avouer qu'il a passé
une mauvaise nuit. Il est pâle aujourd'hui, et
hier quand il est arrivé, il était frais comme
une rose.

— Réfléchissez, ma sœur, que votre rose
a été hier au soir le jouet des vents et de
l'eau, comme si c'eût été une herbe marine.
Comment diable voulez-vous qu'elle ait conservé sa couleur ?

— Il est vrai que je me sens un peu fatigué, dit Lovel, quoique votre hospitalité n'ait
rien oublié de ce qui pouvait me soulager.

— Ah ! monsieur, dit miss Oldbuck en le
regardant avec un sourire malin, c'est par
politesse que vous ne voulez pas avouer que
vous n'avez pas dormi paisiblement.

— En vérité, madame, mon sommeil n'a
pas été troublé, car je ne puis pas donner le
nom d'interruption à la musique dont quelque aimable fée à daigné me favoriser.

— Je me doutais que Mary vous éveille-rait avec ses cris ; elle ne savait pas que j'avais laissé votre fenêtre entr'ouverte ; car, sans parler de l'esprit , il fume toujours dans la chambre verte , lorsqu'il fait de grands vents. Cependant on ne m'ôterait pas de la tête que vous avez entendu cette nuit autre chose que les roucoulements de Mary. Mais les hommes sont plus courageux que nous ; je suis sûre que s'il m'etait arrivé quelque événement de cette nature , c'est-à dire contre l'ordre de la nature, j'aurais poussé des cris à éveiller toute la maison , et le ministre aurait fait comme moi. Je ne connais personne que mon frère , et peut-être vous , M. Lovel , qui ayez un tel courage.

— Un homme aussi savant que M. Old-buck, dit Lovel , ne serait pas exposé au même inconvénient que le sécrétaire de la ville dont vous parliez hier au soir.

— Ah ! ah ! vous comprenez maintenant où gît la difficulté ; le langage que parle l'es-prit. Mon frère connaît le moyen de conjurer les apparitions. J'essayerai cette recette que vous m'avez montrée dans un livre, mon frère , si jamais quelqu'un couche encore dans cette chambre. Nous devrions , par charité chrétienne, faire arranger la salle basse; il est vrai qu'elle est obscure et humide; mais nous avons si rarement l'occasion d'offrir un lit à quelqu'un.

— Non, non, ma sœur, l'obscurité et l'humidité sont pires que les spectres; les nôtres sont des esprits de lumière. Je voudrais cependant que vous fissiez l'épreuve du charme.

— Je le ferais volontiers, Monkbarns, si j'avais les ingrédients necessaires. Il faut de la vervaine et du fenouil, je m'en souviens. Puis de l'anis; je crois que nous n'en manquons pas....

— De l'hypéricon, folle que vous êtes, cria Oldbuck d'une voix du tonnerre. Croyez-vous faire un de vos ragoûts ? ou croyez-vous qu'un esprit étant une substance aérienne, peut être chassé par une recette contre les vents ? Ma sage sœur Grizel se souvient (vous voyez avec quelle exactitude) d'un charme dont je lui ai parlé une fois ; et, comme ce sujet a du rapport avec ses idées superstitieuses, elle s'en souvient mieux que de toutes les choses utiles que je puis lui avoir dites depuis dix ans. Plus d'une vieille femme, sans la compter....

— Vieille femme ! Monkbarns, dit miss

Oldbuck en oubliant sa soumission ordinaire,
vous êtes moins que civil avec moi.

—— Rien moins que juste, Grizel ; cependant je comprends dans la même classe plus
d'un nom bien ronflant, depuis Jamblichus
jusqu'à Aubrey, qui ont perdu leur temps
pour nous donner des remèdes imaginaires à
des maux qui n'existaient pas. Mais j'espère,
que, armé de la puissance de l'hypéricon, du
fenouil et de la verveine, ou livré sans défense
aux attaques des habitants d'un monde invisi-
ble, vous donnerez une autre nuit aux terreurs
de la chambre verte, et un autre jour à vos
fidèles amis.

—— Je le désire de tout mon cœur, mais....

—— Point de *mais* ; c'est un mot auquel j'ai
déclaré la guerre.

—— Je vous suis bien obligé, mon cher
monsieur, mais...

—— Prenez garde, encore des *mais* ; je dé-
teste les *mais* : *Mais* est une combinaison de
lettres que je hais plus que *non Non* est un
gaillard déterminé, d'une franchise un peu
grossière ; *mais* est une conjonction évasive,
hypocrite, qui vous fait tomber la coupe des
mains au moment où vous la portez à la
bouche.

— Eh bien , répondit Lovel, qui n'avait encore rien décidé sur sa conduite, je ne veux pas que vous puissiez allier le souvenir de mon nom avec celui d'une particule qui vous est désagréable. Je crains d'être bientôt obligé de quitter Fairport, et puisque vous êtes assez bon pour le désirer , je saisirai cette occasion de passer encore un jour avec vous.

— Vous en serez récompensé, mon ami ; d'abord vous verrez le tombeau de Jean de Girnell ; puis nous irons le long des sables jusqu'au château de Knockwinnock , après nous être assuré de l'état de la marée , pour savoir des nouvelles du vieux chevalier et de ma belle ennemie.

— Je vous demande pardon , mon cher monsieur , mais peut-être feriez-vous mieux d'ajourner votre visite jusqu'à demain matin. Vous savez que je suis étranger dans ce pays.

— Vous n'en êtes que plus obligé de montrer de la politesse , je pense.

— Eh bien , si... si vous croyez qu'on s'attende à ma visite... mais je crois qu'il vaudrait mieux ne pas la faire.

— C'est bon, c'est bon , mon ami ; je ne suis pas assez partisan des vieux usages pour vous presser de faire une chose qui vous serait désagréable. Il me suffit de savoir qu'il y a là-dessous quelque motif qui vous arrête, et dont je n'ai pas le droit de m'informer. Peut-être êtes-vous encore fatigué : je crois avoir les moyens d'amuser votre esprit sans exercer vos jambes ; je n'aime pas non plus les exercices violents ; c'est assez de faire chaque jour une promenade dans le jardin ; il n'y a qu'un fou ou un chasseur au renard qui en demande davantage. Qu'allons-nous faire ? lirons-nous mon Essai sur la Castramétation ? Non, je le réserve pour cette après-dînée ; ou je vous montrerai ma controverse avec Mac-Cribb sur les poëmes d'Ossian. J'en attaque l'authenticité, et lui la défend ; la discussion a commencé en termes doux et polis, mais maintenant elle s'échauffe davantage, elle tient déjà du style de Scaliger. Je crains que ce drôle n'apprenne quelque chose de l'histoire d'Ochiltree ; en tous cas je lui garde une réplique vigoureuse au sujet de mon Antigone qui a disparu. Je vais vous montrer sa dernière épître et le brouillon de ma réponse. Diable ! c'est un fier coup d'étrivières.

En parlant ainsi, l'antiquaire ouvrit un tiroir, et se mit à fouiller dans un amas de papiers anciens et modernes. Mais il avait le

malheur , ainsi que bien d'autres de ses confrères , savants et ignorants , d'éprouver ce
qu'Arlequin appelle l'embarras des richesses ,
c'est-à-dire que l'abondance des pièces de sa
collection l'empêchait souvent de trouver celle
qu'il voulait. — Maudits papiers ! je crois ,
dit Oldbuck en bouleversant tout, qu'ils prennent des ailes comme les sauterelles pour s'en-
voler. En attendant, visitez ce petit trésor. Il
lui mit entre les mains une boîte de bois de
chêne ornée de roses et de clous d'argent.
Poussez ce bouton , dit-il en voyant que Lovel
ne savait pas comment l'ouvrir. Le couvercle
s'ouvrit, et laissa voir un in-quarto fort mince
relié avec soin en chagrin noir. — Voilà ,
M. Lovel, voilà l'ouvrage dont je vous parlais
hier au soir. L'édition in-quarto si rare de la
confession d'Augsbourg , le fondement et le
boulevard de la réforme , dressée par le vénérable Melanchton , défendue par l'électeur
de Saxe , et par tous les autres héros qui sou-
tinrent leur croyance contre un empereur
puissant et victorieux , et imprimée par le
non moins vénérable Aldobrand Oldenbuck ,
mon ayeul d'heureuse mémoire , pendant les
efforts tyranniques de Philippe II pour détruire à la fois la liberté civile et la liberté re-

ligieuse. Oui , monsieur , pour avoir imprimé
cet ouvrage , cet homme de mérite fut chassé
de son ingrate patrie , et forcé d'établir ses
pénates à Monkbarns , parmi les débris de la
superstition et de la domination papales. Re-
gardez cette vénérable effigie , et respectez
l'honorable occupation dans laquelle il se
présente à vous , M. Lovel ; car il travaille
pour répandre les connaissances chrétiennes
et politiques. Voici sa devise favorite , qui
exprime son indépendance et sa confiance en
lui-même , son mépris pour le patronage , et
cette fermeté que recommande Horace. C'était
en effet un homme qui serait demeuré iné-
branlable , quand même il aurait vu son imprimerie, ses presses , ses fontes , ses formes,
brisées et dispersées autour de lui. Lisez donc
sa devise , car alors chaque imprimeur avait
la sienne. Celle de mon ayeul était exprimée
par cette phrase teutonique : KUNST MACHT
GUNST, c'est-à-dire, l'habileté ou la prudence,
qui nous fait mettre à profit nos talents , se
concilie la faveur et la protection, même lorsque le préjugé ou l'ignorance nous les refusent.

— C'est donc la signification de ces mots
allemands ? dit Lovel après avoir réfléchi en
silence.

—— Sans doute ; vous y voyez la conscience qu'il avait de son mérite et de sa supériorité dans un art utile et honorable. A cette époque chaque imprimeur avait sa devise, comme les anciens chevaliers. Mon ayeul était fier de la sienne, comme si elle avait été déployée dans un champ de bataille sur sa bannière. Et cependant une tradition de famille rapporte qu'il y avait quelque chose de plus romanesque dans le choix qu'il en avait fait.

—— Et quelle en fut l'occasion, je vous prie?

—— Ma foi, elle fait un peu tort à la réputation de sagesse et de prudence de mon prédécesseur. *Sed semel insanivimus omnes*, chacun a été fou à son tour. On dit que mon ayeul étant en apprentissage chez le descendant du vieux Fust, que la tradition populaire a envoyé au diable sous le nom de Faustus, se rendit amoureux de la fille de son maître appelée Berthe. Ils rompirent leurs anneaux, ou firent quelqu'autre cérémonie aussi niaise en usage parmi les amants, et Aldobrand partit pour faire son tour d'Allemagne comme un honnête ouvrier ; car les artistes d'alors avaient coutume de faire le tour de l'empire, et de travailler dans les principales villes, avant de se fixer pour la vie. C'était une coutume très-

Aldobrand son époux, prit pour devise : *Le talent gagne la faveur.* Mais que faites-vous ? Dans quelles sombres réflexions êtes-vous plongé ? Allons, allons, je vous ai déjà dit que ce n'était qu'un conte ; j'ai trouvé maintenant ma controverse sur Ossian.

— Je vous demande pardon, dit Lovel ; je vais paraître bien singulier, bien versatile à vos yeux, M. Oldbuck ; mais ne sembliez-vous pas croire que la politesse exigeait que je fisse une visite à sir Arthur ?

— Bah ! bah ! je me charge de vos excuses ; d'ailleurs si vous nous quittez aussi promptement que vous le dites, qu'importe le rang que vous occuperez dans ses bonnes graces ? Je vous avertis que mon Essai sur la Castramétation est un peu prolixe ; et il nous faudra bien toute l'après-dînée pour le lire, de sorte que vous courez le risque de prendre ma controverse sur Ossian, si nous n'y consacrons pas la matinée. Nous allons nous placer dans mon bosquet, sous mon houx sacré, et nous la lirons *fronde super viridi.* — Mais vraiment, continua le vieillard, plus je vous examine, plus il me semble que vous n'êtes pas du même avis. Amen ! de tout mon cœur ; jamais je ne querelle la monture d'un autre, si elle

ne peut pas suivre la mienne. Eh bien ! que
dites-vous ? Partirons-nous ou resterons-nous ?
Parlez-moi le langage du monde , si vous con-
sentez à descendre dans une sphère si basse.

— Je vous dirai dans le langage de l'égoïs-
me , par conséquent dans celui du monde ,
dit Lovel : allons-y.

— Amen , amen , comme dit le comte
Marshall , dit Oldbuck en changeant ses pantoufles contre une paire de gros souliers , et
en couvrant ses jambes d'une paire de guêtres
de drap noir. Ils partirent et il n'interrompit
sa marche que pour lui montrer , en faisant
un léger détour , la tombe de John de Girnell , dernier bailli de l'abbaye qui avait résidé
à Monkbarns. Sous un vieux chêne , au haut
d'une colline qui s'étendait en pente douce
vers le sud, et d'où l'on jouissait de la vue de
la mer dans le lointain , au-dessus de deux
ou trois beaux enclos et du Mussel-craig , était
une pierre couverte de mousse , où l'on avait
gravé une inscription en l'honneur du défunt ,
qu'Oldbuck prétendait avoir déchiffré , quoiqu'on en doutât fort.

Après quelques réflexions que fit Monkbarns
sur le sens prétendu de cette épitaphe , ils
continuèrent leur route par les sables. Sur les

dunes qui en étaient voisines , s'élevaient quatre ou cinq cabanes habitées par des pêcheurs,
dont les bateaux tirés sur le rivage , joignaient
l'odeur du goudron qui fondait aux rayons du
soleil , à celle des entrailles de poisson et autres immondices accumulées ordinairement autour des chaumières écossaises. Sans paraître
incommodée des vapeurs méphitiques qui s'ex-
halaient autour d'elle ; une femme de moyen
âge , dont le visage rembruni avait défié mille
tempêtes, s'occupait à raccommoder un filet
à la porte d'une des chaumières. Un mouchoir
noué autour de sa tête , et un habit qui avait
été celui d'un homme, lui donnaient un air
masculin auquel sa force , sa haute stature et sa
voix rauque ajoutaient encore. — Que faut-il
aujourd'hui à votre honneur ? dit-elle ou plutôt cria-t-elle à Oldbuck; des harengs, des mer-
lans , un turbot, une plie ?

— Combien pour le turbot et la plie ? demanda l'antiquaire.

— Quatre schillings d'argent et six pences,
répondit la naïade.

— Quatre diables et six diablotins , répartit
Oldbuck ; croyez-vous que je suis fou, Maggie?

Et vous ; répondit la vigaro en mettant les
poings sur les hanches , croyez-vous que mon

mari et mon fils se mettent à la mer avec un temps comme celui d'hier et d'aujourd'hui, et qu'ils donnent ensuite leur poisson pour rien, et qu'ils soient maltraités par-dessus le marché, Monkbarns ? Ce n'est pas du poisson que vous achetez, c'est la vie des hommes.

— Tenez, Maggie, je vais vous faire une belle offre ; je vous donne un schilling pour la plie et le turbot, ou six pences pour chacun ; et si tout votre poisson est aussi bien payé, votre mari et vos enfants auront fait un bon voyage.

— Je préférerais que le diable eût jeté leur bateau contre le rocher de Bell-Rock ! ce serait un meilleur voyage. Un schilling pour ces deux beaux poissons !

— Allons, allons, bonne femme, portez vos poissons à Monkbarns, et vous verrez ce que ma sœur vous en donnera.

— Non, non, Monkbarns, du diable si j'en fais rien. Je préfère traiter avec vous ; car, quoique vous soyez assez serré, miss Grizel nous rogne les ongles de plus près. Je vous les donnerai, dit-elle d'un ton plus radouci, pour trois schillings et six pences.

— Dix-huit pences ou rien.

— Dix-huit pences ! s'écria-t-elle d'un ton d'étonnement, qui se changea en une espèce de gémissement lorsqu'elle vit que l'acheteur se retournait pour s'en aller. Vous ne voulez donc pas de mon poisson ? Puis voyant qu'il s'éloignait, elle lui cria : Je vous les donnerai avec... avec une demi-douzaine de crabes, pour trois shillings et un verre d'eau-de-vie.

— Je vous donnerai une demi-couronne et un verre d'eau-de-vie.

— Il en faut passer par où votre homme le veut ; mais un verre d'eau-de-vie vaut de l'argent, aujourd'hui que la distillation est prohibée.

— J'espère qu'elle le sera toujours de mon temps, dit Oldbuck.

— Il vous est aisé de parler ainsi, à vous et à ceux qui comme vous ont en tout temps la table bien servie, bon feu à la cheminée, et de bons habits ponr se couvrir. Mais si vous manquiez de feu et de nourriture, si vos vêtements étaient mouillés, si vous trembliez de froid, et si vous aviez en outre le chagrin dans le cœur, ce qui est le pire de tout, avec juste dix pences dans votre poche, ne seriez-vous pas content de pouvoir acheter un verre d'eau-de-vie, qui vous tiendrait lieu de feu et d'habits, de souper et de gaîté jusqu'au lendemain matin ?

— Ce n'est que trop vrai, Maggie. Votre mari est-il en mer ce matin, après les fatigues d'hier ?

— Ma foi, oui, Monkbarns; il est parti ce matin à quatre heures, pendant que la mer était encore agitée par la tempête d'hier, et que notre barque dansait comme un bouchon.

— C'est un homme laborieux. Eh bien, vous porterez ce poisson à Monkbarns.

— Je vais y aller, ou plutôt j'y enverrai la petite Jenny, qui y sera plutôt. Mais j'irai moi-même demander à miss Grizel le verre d'eau-de-vie de votre part.

Une créature d'une espèce non encore décrite, qui aurait pu passer pour une syrène, car elle barbottait dans une mare formée par l'eau de la mer entre les rochers, fut appelée à grands cris par sa mère; elle s'arrangea un peu plus décemment en ajoutant une espèce de manteau rouge au jupon qui formait son unique vêtement et qui descendait à peine au genou. L'enfant fut envoyée avec le poisson

dans un panier et chargée par Monkbarns
de dire qu'on le préparât pour dîner. — Il
se serait passé bien du temps, dit Oldbuck
avec un air de satisfaction, avant que mes
femelles eussent fait un marché aussi raisonnable, quoiqu'elles crient quelquefois pendant une heure entière sous mon cabinet d'é-
tude, comme des mouettes pendant un orage.
Mais allons, continuons notre route vers
Knockwinnock.

FIN DU TOME PREMIER.

De l'Imprimerie de PIERRE CHAILLOT JEUNE,
ÉDITEUR, *à Avignon.*

OEUVRES

DE

SIR WALTER SCOTT.

Format in-18.

Ouvrages qui sont en vente :

GUY MANNERING OU L'ASTROLOGUE.
4 vol.

QUENTIN DURWARD OU L'ECOSSAIS
A LA COUR DE LOUIS XI. 4 vol.

LE NAIN MYSTÉRIEUX. 2 vol.

IVANHOÉ OU LE RETOUR DU CROISÉ.
4 vol.

LES PURITAINS D'ÉCOSSE. 4 vol.

L'ANTIQUAIRE. 4 vol.

LA FIANCÉE DE LAMMERMOOR, 3
vol.

A Avignon, chez Pierre Chaillot Jeune,
éditeur, place du Palais, et à Paris, chez
F. Denn, rue des Grands Augustins.

www.ingramcontent.com/pod-product-compliance
Lightning Source LLC
Chambersburg PA
CBHW072034080426
42733CB00010B/1888